こどもふざけ方《かた》教《きょう》室《しつ》

コロコロ「オモコロ放課後《ほうかご》クラブ」ファンブック

こどもふざけ方《かた》教室《きょうしつ》 入《にゅう》学《がく》案《あん》内《ない》

こどもふざけ方教室《かたきょうしつ》で、大人《おとな》にはできないふざけ方《かた》を見《み》て学《まな》ぶ。
本気《ほんき》のふざけ方《かた》の先《さき》に、本当《ほんとう》の学《まな》びがあります——。

こどもたちにふざけ方《かた》を本気《ほんき》で教《おし》える教職員《きょうしょくいん》たち

コロコロ読者《どくしゃ》を指導《しどう》するのは、オモロさでは日本最高峰《にっぽんさいこうほう》の『オモコロ』の精鋭《せいえい》たち。選《えら》ばれし5名《めい》が、未来《みらい》の笑《わら》いを育《はぐ》みます。

オモコロ放課後《ほうかご》クラブ 校長《こうちょう》永田《ながた》

大声《おおごえ》での指導《しどう》

「オモコロ放課後《ほうかご》クラブ」で、みんなをまとめる校長《こうちょう》として活躍《かつやく》。校長《こうちょう》とは名《な》ばかりで、さまざまな他《ほか》の学科《がっか》をこなす非常勤講師役《ひじょうきんこうしやく》だったりします。

オモコロ選抜《せんばつ》の5名《めい》がこどもに爆笑指導《ばくしょうしどう》します！

オモコロ放課後《ほうかご》クラブ 理科担当《りかたんとう》原宿《はらじゅく》

理科《りか》の、おバ化学教授《かがくきょうじゅ》。チーズバーガーをチーズ抜《ぬ》きで注文《ちゅうもん》して、おバ化学学会《かがくがっかい》を騒然《そうぜん》とさせる。ちなみに子《こ》どもたちにはうんこ学《がく》の教授《きょうじゅ》と思《おも》われています。

巨大蝶《きょだいちょう》ネクタイ

『オモコロ』とは？
2005年《ねん》10月《がつ》に更新《こうしん》をスタートした、ゆるく笑《わら》えるコンテンツに特化《とっか》したWeb《ウェブ》メディア。記事《きじ》だけではなく、開設《かいせつ》したYouTube《ユーチューブ》チャンネルは登録者数《とうろくしゃすう》40万人《まんにん》を突破《とっぱ》するほどの人気《にんき》。動画《どうが》でレギュラーの永田《ながた》ら5名《めい》が、コロコロの読者《どくしゃ》コーナーに起用《きよう》されることに。

威嚇《いかく》することも

オモコロ放課後《ほうかご》クラブ

社会担当《しゃかいたんとう》加藤《かとう》

社会担当《しゃかいたんとう》。社会《しゃかい》のことを知《し》りすぎて、眠《ねむ》れない夜《よる》を過《す》ごしているとかいないとか…。実《じつ》はサングラスは睡眠不足《すいみんぶそく》の目《め》のクマを隠《かく》している説《せつ》があります。

ケツで喋《しゃべ》ることも

オモコロ放課後《ほうかご》クラブ

図工担当《ずこうたんとう》ARuFa《アルファ》

図工兼美術担当《ずこうけんびじゅつたんとう》。チンコを回《まわ》してヘリコプターのように空《そら》を飛《と》べる。彼《かれ》のアイデアは同《おな》じくぶっ飛《と》んだものが多《おお》く、気鋭《きえい》のアーティスト然《ぜん》とした佇《たたず》まい。

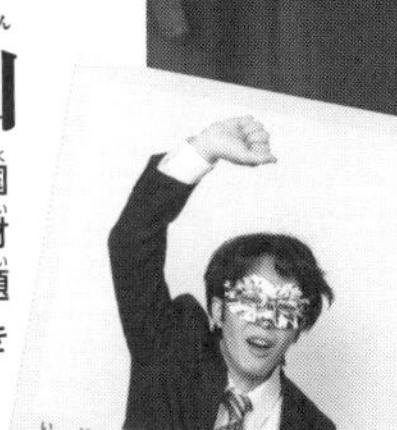
意外《いがい》と元気《げんき》

オモコロ放課後《ほうかご》クラブ

国語担当《こくごたんとう》ダ・ヴィンチ・恐山《おそれざん》

実際《じっさい》に小説《しょうせつ》も手《て》がけている国語担当《こくごたんとう》。文字《もじ》ボケや、小説《しょうせつ》を題材《だいざい》にするなどハイブロウな出題《しゅつだい》で、子《こ》どもたちと高《たか》みへと導《みちび》きます。

『コロコロ』とは?

毎度《まいど》おなじみ元気《げんき》な子《こ》どもたちのための月刊児童《げっかんじどう》コミック誌《し》。『コロコロ』と『オモコロ』はたまたま偶然《ぐうぜん》に"コロ"がかぶっただけで、まったく別《べつ》の会社《かいしゃ》である。とはいうものの、コロコロ編集部《へんしゅうぶ》が、人気《にんき》YouTuber《ユーチューバー》のオモコロメンバーを放《ほう》っておくわけがなく…。

『こどもふざけ方教室《かたきょうしつ》』開校《かいこう》の歴史《れきし》

『コロコロ』と『オモコロ』のコラボの結晶《けっしょう》…それが1冊《さつ》の学《まな》びの書《しょ》に。激動《げきどう》の歴史《れきし》を一挙《いっきょ》に紹介《しょうかい》するぞ!

❶コロコロで『オモコロ』大特集《だいとくしゅう》!

コロコロコミック23年《ねん》1月号《がつごう》にて『オモコロ』を大々的《だいだいてき》に特集《とくしゅう》! コロコロ読者《どくしゃ》でもあった『オモコロ』メンバーと意気投合《いきとうごう》!!

▲これでコロコロ読者《どくしゃ》が『オモコロ』のオモロさを知ることとなったのだ!

❷コラボ動画《どうが》で機運《きうん》!

味《あじ》を占《し》めた両者《りょうしゃ》(?)はYouTube《ユーチューブ》でもコラボ動画《どうが》を展開《てんかい》。確《たし》かな手《て》ごたえを掴《つか》む。

▲「動画《どうが》でタイマン張《は》ったらダチじゃい!」と言ったか知らないが、この企画《きかく》は大好評《だいこうひょう》。新学期《しんがっき》の4月号《がつごう》の読者投稿《どくしゃとうこう》ページ刷新《さっしん》の可能性《かのうせい》が。

『こどもふざけかた教室《きょうしつ》』とは?

『コロコロ』伝説《でんせつ》の読者投稿《どくしゃとうこう》コーナー「スチャダラ通信《つうしん》」以来《いらい》の実在《じつざい》の人《にん》気者《きもの》を起用《きよう》した「オモコロ放課後《ほうかご》クラブ」。その結果《けっか》、読者《どくしゃ》の投稿《とうこう》ハガキが爆増《ばくぞう》、さらに1冊《さつ》の本《ほん》まで出《だ》すという新《あら》たな伝説《でんせつ》を生《う》みだした。

❸オモコロが読者投稿《どくしゃとうこう》ページを担当《たんとう》することに！

当時《とうじ》の編集長《へんしゅうちょう》と、オモコロファンの二刀流《にとうりゅう》コーマの話《はな》し合《あ》いの結《けっ》果《か》、新《しん》ハガキコーナーが開設《かいせつ》！

「えっ？ それってオモコロにオファーしていい…ってコト!?」

オモコロ大好《だいす》き編集部員《へんしゅうぶいん》
二刀流《にとうりゅう》コーマ

「昔《むかし》はコロコロでスチャダラパーが担当《たんとう》しとったけぇの！」

23年当時《ねんとうじ》の編集長《へんしゅうちょう》
秋本《あきもと》じゃけぇ

キミの作品がコロコロに!!!!!
コロコロとオモコロがコラボ！
新ハガキコーナー
587ページのハガキコーナーもよろしくね！
インターネットで話題の超ゆるゆるメディア「オモコロ」！オモしろ軍団が、なんとコロコロの新ハガキコーナーで
オモコロ 放課後クラブ 開幕!!!!
コロコロに負けないコラボ決定!!
お題がぞくぞく！ キミも挑戦!!
オモコロから、できたてホヤホヤの問題をおとどけ！
お題① 国語
「桃太郎のお供、4匹目を変に描きなさい」
イヌ、サル、キジにない個性を考えよう！
お題② 理科
「この変な種からどんな花が咲きますか？」
面白い花が咲くのかな〜!?
お題③ 図工
「校長の体を描きなさい」
校長の体をメチャクチャ面白くしちゃおうぜ！
▶校長先生の顔をコピーして切りとって、ハガキに貼って応募しよう〜
お題④ 質問
「先生あのね」
日頃ノートで先生に伝えるようにオモコロ先生に好きなことを伝えよう。
日記でも悩みでもよし！
Web宿題
応募のきまり
最優秀賞には商品が！ 大人気ゲームソフト スプラトゥーン3
オモコロメンバーがオモしろ授業を担当！
オモコロの5人が学校の先生となって、変なお題を出しまくりツッコミまくり。
理科担当 原宿
◀うんち持ってるけど意外とえらい人。
社会担当 加藤
オモしろ偏差値爆上げするぜ！
図工担当 ARuFa
▶いろんな発明でSNSを騒がせるマン。
校長 永田
▲リーダー的存在なので校長役にしたよ。
国語担当 ダ・ヴィンチ・恐山
◁小説家なので国語も得意なはず…!?
オモコロって何者!?
ネット記事や動画で大人気の集団！「ロジカル王」でコロコロと激闘の果てに熱い友情を結ぶ。
(332)
(333)

▼新《しん》コーナー開設《かいせつ》のお知《し》らせと同時《どうじ》に出題開始《しゅつだいかいし》。

担当編集《たんとうへんしゅう》コーマの意向《いこう》
「オモコロさんともっと遊《あそ》びた〜〜〜〜い!」

コロコロ編集部《へんしゅうぶ》の意向《いこう》
「こどもたちに人気《にんき》のスターを起用《きよう》して!」

担当《たんとう》ライターの意向《いこう》
「えっ、急《きゅう》に実写《じっしゃ》とか大丈夫《だいじょうぶ》なん!?」

読者《どくしゃ》の意向《いこう》
「そんなことより賞品《しょうひん》のゲームソフトが欲《ほ》しい」

「コロ」の魂《たましい》が共鳴《きょうめい》…

オモコロの意向《いこう》
「読者投稿《どくしゃとうこう》コーナーやってみたい!」

そしてついに…

『オモコロ放課後《ほうかご》クラブ』爆誕《ばくたん》!!!!!

← こどもたちのおふざけ639日《にち》の集大成《しゅうたいせい》がここに!

こどもふざけ方教室《かたきょうしつ》 もくじ

全《ぜん》103問《もん》 お題《だい》一《いち》覧《らん》

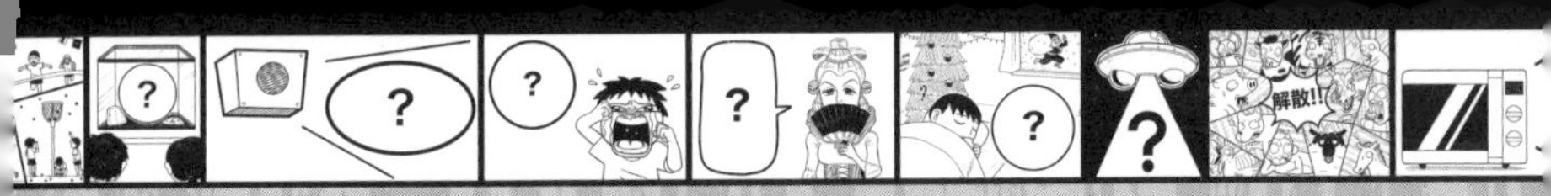
解散!!

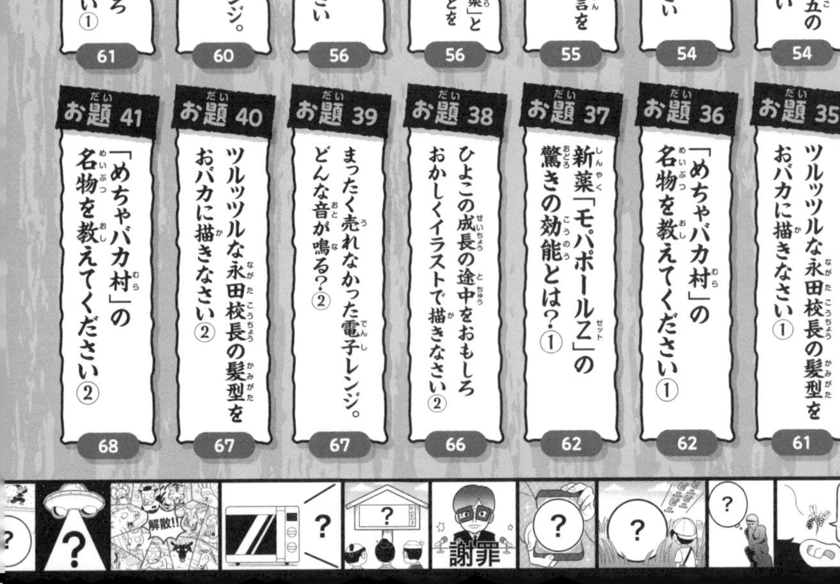
解散!!
謝罪

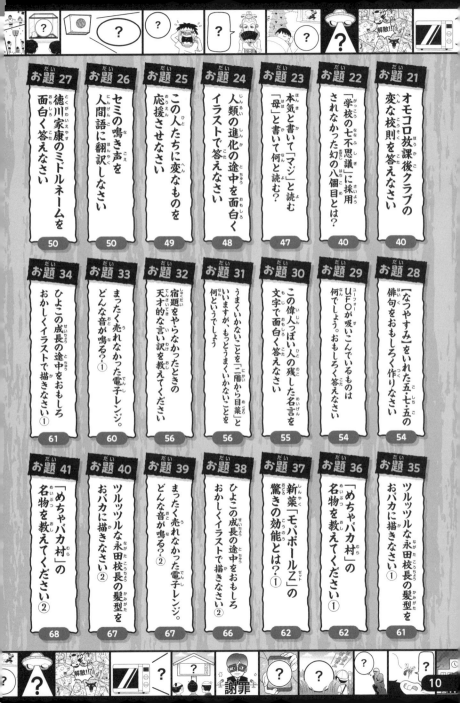

?
?
?
?
?
?
?
卒業式

?
?
卒業式
?
?
?
?

解散!!

解散!!
謝罪

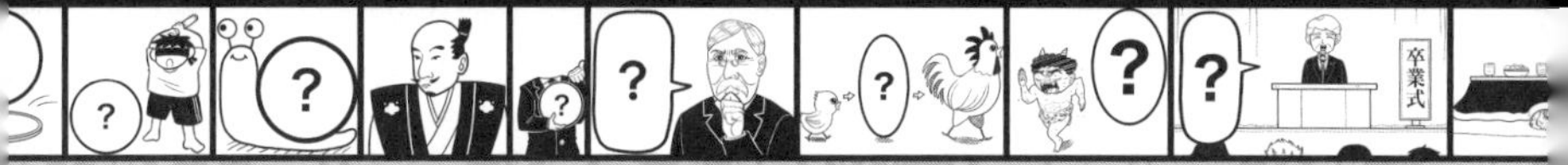

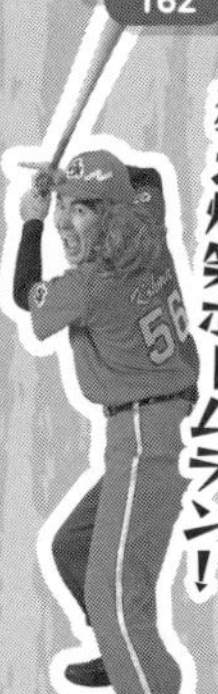

狙《ねら》え爆笑《ばくしょう》ホームラン！

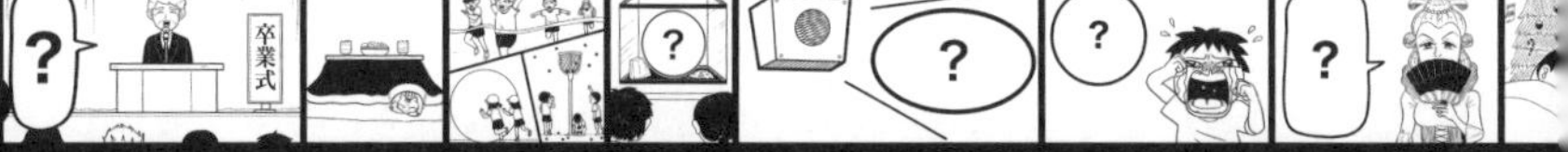

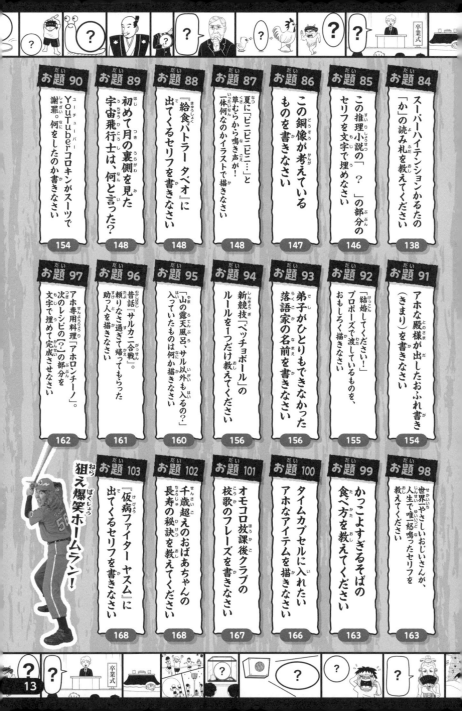

オモコロ 放《ほう》課《か》後《こ》クラブ

現在《げんざい》、募集《ぼしゅう》は全《すべ》て終了《しゅうりょう》しております。

新読者投稿《しんどくしゃとうこう》
コーナー
スタート！

オモコロ放課後《ほうかご》クラブ

オモコロメンバーが
キミのハガキをもとに
オモしろ授業《じゅぎょう》を開始《かいし》！

いまだかつてない新《あたら》しい読者投稿《どくしゃとうこう》コーナーが今《いま》、生《う》まれる!!

23年《ねん》2月某日《がつぼうじつ》　オモコロのスタジオ

オモコロに取材《しゅざい》に来《き》たぞ〜!!
今回《こんかい》もYouTube《ユーチューブ》で対決《たいけつ》だ！

読者投稿《どくしゃとうこう》コーナー　担当編集《たんとうへんしゅう》

二刀流《にとうりゅう》コーマ

ハガキに表《おもて》と裏《うら》があるように2つの性格《せいかく》を持《も》つ男《おとこ》。ギャグに対《たい》する情熱《じょうねつ》には表裏《おもてうら》がない。

ガチャ！
おじゃましま〜す。
ザワ…
ザワ…
あ、あれはオモコロチーム!?

『オモコロ』とは？　「おもしろコロッセオ」略《りゃく》してオモコロ！　Web《ウェブ》サイトにアップするオモしろ記事《きじ》や動画《どうが》で話《わ》題《だい》に！　チャンネル登録者数《とうろくしゃすう》40万《まん》を突破《とっぱ》し、コロコロ編集部《へんしゅうぶ》と『ロジカル真王《シンキング》』で対戦《たいせん》したりと注目《ちゅうもく》の軍団《ぐんだん》なのだ!!　ボドゲ対決《たいけつ》は右《みぎ》のQR《キューアール》をスマホやタブレットで読《よ》みこんで、楽《たの》しんでね！

コロコロ読《どく》者《しゃ》のハガキ最《さい》高《こう》じゃん！
いいこと思《おも》いついた！
オモコロ放課後《ほうかご》クラブ 校長《こうちょう》
永田《ながた》
オモコロのまとめ役《やく》。
校長《こうちょう》なので一番《いちばん》えらい。
ボクらで読《どく》者《しゃ》をオモしろく鍛《きた》えるクラブを作《つく》ります！
えっ!?
だったらボクは図《ず》工《こう》担《たん》当《とう》ですかね？
小《しょう》説《せつ》が得《とく》意《い》なので国《こく》語《ご》はおまかせください。
国語担当《こくごたんとう》
ダ・ヴィンチ・恐山《おそれざん》
小説家《しょうせつか》だけあって国語《こくご》が得意《とくい》だよ、きっと（倒置法《とうちほう》）。見《み》た目《め》は怪《あや》しいが意外《いがい》と親《した》しみやすい。
図工担当《ずこうたんとう》
ARuFa《アルファ》
いろんな発明品《はつめいひん》でＳＮＳ《エスエヌエス》を騒《さわ》がせる先生《せんせい》。キミのおもしろ発明《はつめい》を待《ま》っているよ。

社会担当《しゃかいたんとう》
加藤《かとう》
オモコロ一社会《いちしゃかい》にくわしい社会人《しゃかいじん》。小学生《しょうがくせい》に社会《しゃかい》の厳《きび》しさを教《おし》えるのが生《い》きがい。

理科担当《りかたんとう》
原宿《はらじゅく》
うんちとかの研究《けんきゅう》が大好《だいす》き。オモコロの二代目編集長《にだいめへんしゅうちょう》ってことは、えらい人《ひと》って…コト!?

…というわけで、みんなのハガキを

待《ま》ってるぜ!!!!

キミもペンとハガキ片手《かたて》に今《いま》すぐ挑戦《ちょうせん》！

お題《だい》は全部《ぜんぶ》で4つ！ 爆笑回答《ばくしょうかいとう》を求《もと》む!!

記念《きねん》すべき最初《さいしょ》のお題《だい》は7P《ページ》掲載《けいさい》の記事《きじ》と2号《ごう》にわたって募集《ぼしゅう》されたぞ！

お題《だい》 図《ず》工《こう》

▶校長《こうちょう》先生《せんせい》の顔《かお》をコピーして切《き》りとって、ハガキに貼《は》って応募《おうぼ》しよう！

「校《こう》長《ちょう》の体《からだ》を描《か》きなさい」

校《こう》長《ちょう》の体《からだ》をメチャクチャ面白《おもしろ》くしちゃおうぜ！

お題《だい》 国《こく》語《ご》

「桃《もも》太《た》郎《ろう》のお供《とも》、4匹《ひき》目《め》を変《へん》に描《か》きなさい」

イヌ、サル、キジにない個性《こせい》を考《かんが》えよう！

お題《だい》 質《しつ》問《もん》

「先《せん》生《せい》あのね」

日直《にっちょく》ノートで先生《せんせい》に伝《つた》えるようにオモコロ先生《せんせい》に好《す》きなことを伝《つた》えよう。

日記《にっき》でも悩《なや》みでもよし！

お題《だい》 理《り》科《か》

「この変《へん》な種《たね》からどんな花《はな》が咲《さ》きますか？」

面白《おもしろ》い花《はな》が咲《さ》くのかな〜!?

コロコロ編集部《へんしゅうぶ》だより

「先生《せんせい》あのね」はオモコロとコロコロ読者《どくしゃ》のふれあいをネタにしたかったがスペースがなさすぎて短命企画《たんめいきかく》に…。

@オモボイス

とても頭《あたま》を使《つか》って「コレがいいかなー、コレもいいんだよなー」と言《い》う感《かん》じでいろいろと考《かんが》えてました脳《のう》トレにもなりました。

7歳　男性

@オモボイス

校長先生《こうちょうせんせい》じゃなくて生徒《せいと》が一番《いちばん》えらいというせっていで。

7歳　男性

月刊
新ポケモン
マリオ
ボトルマン
ガイドBOOK
本物カードふろくが40枚!!

2023年《ねん》コロコロ5月号掲載《がつごうけいさい》

その頃《ころ》、オモコロチャンネルでは…

誰がコナンか
決めようか

◀大人気《だいにんき》コスプレ回《かい》の中《なか》でも好評《こうひょう》の1本《ぽん》。第四《だいよん》種目《しゅもく》「声真似《こえまね》」で披露《ひろう》された即興《そっきょう》MoRoFa《モロファ》のクオリティは圧巻《あっかん》。

新競技《しんきょうぎ》・コナン5種《しゅ》

今月《こんげつ》のスローガン「ただのウンチをかがやくウンチに！」

兵庫県／にわとりもち

さあ！ 今月《こんげつ》からついに始《はじ》まるぞ！ みんなでかがやくウンチを目指《めざ》そう！
「うんち」と「ウンチ」では印象《いんしょう》が違《ちが》いますよね。ふむ……国語《こくご》って実《じつ》に奥《おく》が深《ふか》い……。

本来《ほんらい》いないはずの4匹目《ひきめ》を面白《おもしろ》く答《こた》えよう！

お題《だい》1

自由《じゆう》すぎる発想《はっそう》はこちら！

「桃太郎《ももたろう》のお供《とも》、4匹目《ひきめ》を変《へん》に描《か》きなさい」①

オ
@オモボイス

クリエイティブな皆《みな》さんは、普段《ふだん》からどのような事《こと》を考《かんが》えていますか？

7歳 女性

犬《いぬ》、サル、キジからの……本《ほん》わさび!? でも鬼《おに》を泣《な》かせちゃうのは得《とく》意《い》かも……？ そう思《おも》ったら心《こころ》強《づよ》い仲《なか》間《ま》に思《おも》えてきました!!

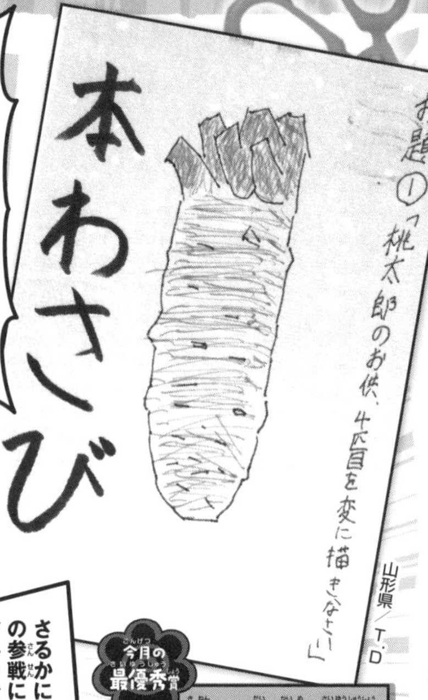
本わさび
お題①「桃太郎のお供、4匹目を変に描きなさい」

山形県／T.D

今月《こんげつ》の最優秀賞《さいゆうしゅうしょう》

記念《きねん》すべき第《だい》1回目《かいめ》の最優秀賞《さいゆうしゅうしょう》はT.D君《くん》に決定《けってい》！ ソフト『星《ほし》のカービィ Wii《ウィー》 デラックス』とオモコロ特製下敷《とくせいしたじ》きをプレゼント！ 先生《せんせい》あのねでも採用《さいよう》。すごいッ!!

優秀《ゆうしゅう》賞《しょう》

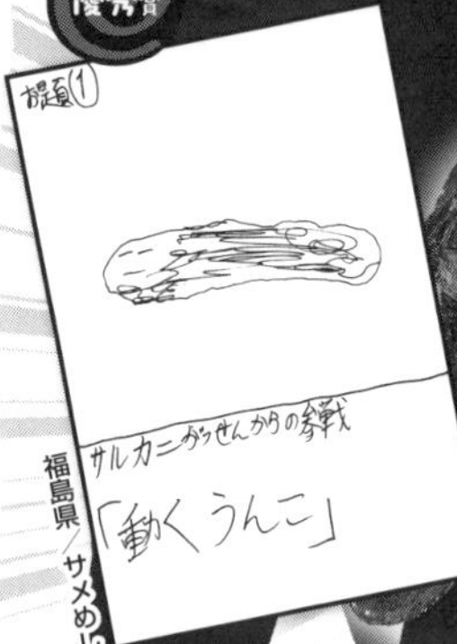
お題①
サルカニがっせんからの参戦
「動くうんこ」

福島県／サメめし

さるかに合《がっ》戦《せん》からの参《さん》戦《せん》にしてはリアルすぎ!! でもそこがいい!!

▼恐オシャレに、防寒《ぼうかん》に、鬼退治《おにたいじ》に！ 一石三鳥《いっせきさんちょう》の仲《なか》間《ま》ですね。桃太郎《ももたろう》の首《くび》はしめないでね。

神奈川県／N.M

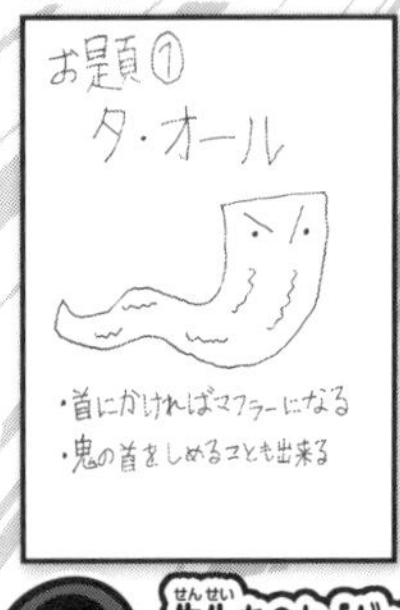
お題①
タ・オール
・首にかければマフラーになる
・鬼の首をしめることも出来る

お題①国語
強い!!

神奈川県／I.K

▲恐「強《つよ》い!!!」って言《い》われても……まず種族《しゅぞく》を教《おし》えてください！ 名前《なまえ》呼《よ》べないと気《き》まずいから！

▼恐鬼《おに》を仲間《なかま》にしてしまう逆転《ぎゃくてん》の発想《はっそう》！ ……あれ？ じゃあ何《なに》しに行《い》くの？

新潟県／W.K

お題①国語
かわいいが、おこるとこわいお供!

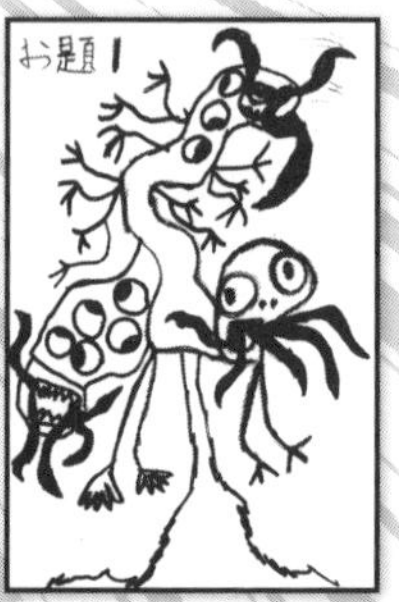
お題1

鹿児島県／F.H

▲恐バ、バケモノ！ 先《さき》にこいつを退《たい》治《じ》すべきでは!?

優秀《ゆうしゅう》賞《しょう》

先生《せんせい》あのね「ゲップみたいなオナラと・オナラみたいなゲップ どっちが臭《くさ》いですか？」 富山県／オツムにオムツ

なにごとも経験《けいけん》！ どっちが臭《くさ》いか試《ため》してみよう！ ただし、その好奇心《こうきしん》がいずれキミを傷《きず》つけるかもしれない。（永田《ながた》）

お題《だい》2 「この変《へん》な種《たね》からどんな花《はな》が咲《さ》きますか?」①

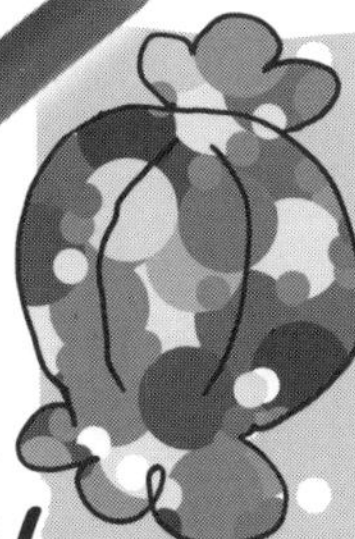

一体《いったい》なにが飛《と》び出《だ》すか! 想像《そうぞう》の限界《げんかい》に挑戦《ちょうせん》だ!

お題② 理科

愛知県／A.H

熊本県／RIRI

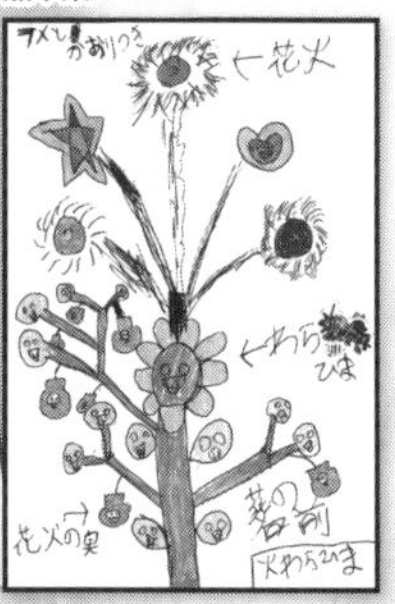

←花火
花火の実

◀原おい! なんかめちゃくちゃ忙《いそが》しい! こんな花《はな》が咲《さ》いたら退屈《たいくつ》しないね。

家の花
お題②
家が100mくらいの大きさで
くきは1cm。
家の中に家具はあるが家の重さは1g。
家に入ろうとすると地球の中心までなぜか落ちてゆく。

岐阜県／ひっとん

▲原京王線沿線《けいおうせんえんせん》だったら住《す》みたいです。住《す》まわせてください。

お題② 理科

兵庫県／K.E

◀原せめてなんか喋《しゃべ》ってくれ。

同《おな》じの出《で》てきた! 無限《むげん》に続《つづ》いちゃうよこれ。

先生《せんせい》あのね「いまね ひまなのだ」 大阪府／H.S

そうなんだ〜。(永田《ながた》)

お題《だい》3

「校長《こうちょう》の体《からだ》を描《か》きなさい」①

▶校長先生《こうちょうせんせい》の顔《かお》をコピーして切《き》りとって、ハガキに貼《は》って応募《おうぼ》しよう！

校長《こう ちょう》の体《からだ》を自由《じ ゆう》に描《か》くべし描《か》くべし！

優秀《ゆうしゅう》賞《しょう》

大分県／はっくつ名人

▲Ⓐ初対面《しょたいめん》の大人《おとな》をいきなりたんこぶまみれにできる君《きみ》は最高《さいこう》！　全身《ぜんしん》ってことはチンコも殴《なぐ》ったのか!?　手《て》ぇ洗《あら》えよ！

神奈川県／K.K

▲Ⓐ逆《ぎゃく》にこっちは何《なん》の説明《せつめい》もなくて最高《さいこう》！　ただ、シッコが漏《も》れていることは確実《かくじつ》にわかる！

▼Ⓐ体《からだ》を描《か》けって言《い》ってるのに文字《もじ》の方《ほう》が多《おお》いじゃねーか！　でもそれもアリ！

京都府／アツトマン

静岡県／たこやき

▲Ⓐおい！　これハガキに貼《は》った校長《こうちょう》の顔《かお》が剥《は》がれて届《とど》いてね!?　今頃《いまごろ》日本《にっぽん》のどこかに校長《こうちょう》の顔《かお》が…

Web《ウェブ》宿題《しゅくだい》

サイトにもオモロな投稿《とうこう》がぞくぞく！　中《なか》でも良《よ》かった回答《かいとう》をここで紹介《しょうかい》するぞ。

お題《だい》4

絶対《ぜったい》覚《おぼ》えてもらえる自己紹介《じこしょうかい》の第一声《だいいっせい》を教《おし》えてください①

両利《りょうき》きのショートスリーパーです

茨城県／侘左深客破

僕《ぼく》の家《いえ》は給食室《きゅうしょくしつ》です。

岡山県／偽校長 永由

ハゲネズミです！

香川県／ハゲ坊主

お題《だい》5

誰《だれ》も来《こ》なかった遠足《えんそく》。どこ？①

注射《ちゅうしゃ》の見学《けんがく》

神奈川県／たくみ

寿司屋《すしや》のトイレ

北海道／コロコロ魂！

悪臭《あくしゅう》のする公園《こうえん》

大阪府／てんてんたろう

先生《せんせい》あのね「新《あたら》しい本《ほん》を あけた時《とき》の においだけ かいでいたいよ」 山形県／T.D

その気持《きも》ちわかる！　先生《せんせい》はトレカのパックを開《あ》けた時《とき》の匂《にお》いも好《す》きだ！（永田《ながた》）

今月《こんげつ》の宿題《しゅくだい》

お題《だい》は全部《ぜんぶ》で4つ！ 爆笑回答《ばくしょうかいとう》を今《いま》すぐ送《おく》ろう!!

今月《こんげつ》から新《あたら》しいお題《だい》をどんどん出《だ》していくぞ！ オモロければ答《こた》えはなんでも正解《せいかい》なのだ!!

お題《だい》 図工《ずこう》

▲モアイの絵《え》をコピーして切《き》りとって、ハガキに貼《は》って答《こた》えを描《か》き足《た》して応募《おうぼ》しよう！

「モアイ像《ぞう》の地面《じめん》の下《した》はどうなっている？」

ふざけて答《こた》えよう！

お題《だい》 社会《しゃかい》

「世界一《せかいいち》の大金《おおがね》持《も》ちがしている遊《あそ》びを教《おし》えて」

超大金《ちょうたいきん》があれば何《なに》ができちゃう…？

お題《だい》 質問《しつもん》

「先《せん》生《せい》あのね」

日直《にっちょく》ノートで先生《せんせい》に伝《つた》えるようにオモコロ先生《せんせい》に好《す》きなことを伝《つた》えよう。

日記《にっき》でも悩《なや》みでもよし！

お題《だい》 理科《りか》

「このペガサスの鳴《な》き声《ごえ》を答《こた》えなさい」

放送禁止用語《ほうそうきんしようご》はやめてね！？

コロコロ編集部《へんしゅうぶ》だより

最初《さいしょ》のハガキ選定会《せんていかい》で真《ま》っ先《さき》に目《め》に入《はい》ったのが20P《ページ》の「本《ほん》わさび」。読者《どくしゃ》たちの末恐《すえおそ》ろしさを感《かん》じるのであった…。

オ @オモボイス

うんこ研究家《けんきゅうか》の先生面白《せんせいおもしろ》くて大好《だいす》きです。うんちの研究《けんきゅう》もしてください。

17歳

オ @オモボイス

1+《たす》1=《イコール》田《た》んぼの田《た》と答《こた》える人《ひと》多《おお》いけどなんで?

8歳 男性

ダ・ヴィンチ・恐山《おそれざん》先生《せんせい》の大喜利《おおぎり》講座《こうざ》

#1 大喜利《おおぎり》は、予想《よそう》を裏切《うらぎ》るスポーツだ！

そもそも大喜利《おおぎり》とは何《なに》か⁉ それは「お題《だい》にボケて答《こた》えて笑《わら》わせる」ゲームのことだ。こんな本《ほん》を読《よ》んでいる君《きみ》たちのことだから、それくらい知《し》っていたかもしれない。**でも、「大喜利《おおぎり》でボケること＝《イコール》ただふざけること」だと思《おも》っていないか？ 否《いな》！** サッカーや野球《やきゅう》にコツがあるように、大喜利《おおぎり》にも「ふざけるコツ」がある。ではそのコツとは何《なに》か？ もったいぶっても仕方《しかた》ないので教《おし》えてしまおう。**カギは「相手《あいて》の予想《よそう》を裏切《うらぎ》る」ことにある。**

たとえば**「こんな給食《きゅうしょく》はイヤだ！」**というお題《だい》を考《かんが》えてみよう。まず、普通《ふつう》に自分《じぶん》がイヤだと思《おも》うことは何《なん》だろう。たとえば「おかずが野菜《やさい》ばっかり」とか。でも、これはちょっと普通《ふつう》すぎて面白《おもしろ》くないね。じゃあもっとハチャメチャにして**「給食《きゅうしょく》がウンコ」**だとどうだろう？ ……うーん。確《たし》かに実際《じっさい》に給食《きゅうしょく》がウンコだったらビックリするけど、他《ほか》の人《ひと》も思《おも》いつきそうだ。なぜならウンコは「変《へん》なもの」「イヤなもの」として定番《ていばん》すぎて、みんなよく使《つか》うからだ。「給食《きゅうしょく》がウンコ！」と答《こた》えて、相手《あいて》が**「あー、やっぱウンコって言《い》うよね。小学生《しょうがくせい》らしいね（笑）」**と言《い》ってきたら悔《くや》しい。

そう、実《じつ》は「予想《よそう》を裏切《うらぎ》る」というのはとても難《むずか》しいことなのだ。だからこそ、面白《おもしろ》い大喜利《おおぎり》の答《こた》えを出《だ》すためにはコツがいる。「お題《だい》の中《なか》で、いかに相手《あいて》を驚《おどろ》かせるか？」……これを考《かんが》えるのが大喜利《おおぎり》の面白《おもしろ》さだ。つまり、**大喜利《おおぎり》とは、頭《あたま》を動《うご》かして思《おも》いもよらない面白《おもしろ》いことを見《み》つけ出《だ》すスポーツなのである！** だから、練習《れんしゅう》すればするほどうまくなれる。まずはどうやれば「予《よ》想《そう》を裏切《うらぎ》る」ことができるのか、自分《じぶん》なりに考《かんが》えてみよう。

裏《うら》切《ぎ》りとは裏《うら》喜《ぎ》利《り》かな…⁉

2023年《ねん》コロコロ6月《がつ》号《ごう》掲載《けいさい》

その頃《ころ》、オモコロチャンネルでは…

◀謎《なぞ》を解《と》くことではなく優《すぐ》れたヒント力《りょく》を競《きそ》うという斬新《ざんしん》さに加《くわ》えプロの謎解《なぞと》き作家《さっか》を起《き》用《よう》しており非常《ひじょう》に満足《まんぞく》度《ど》の高《たか》い1本《ぽん》。

ムズすぎる謎解《なぞと》きクイズをイイ感《かん》じの「ヒント」で正解《せいかい》に導《みちび》け!【ヒント王《おう》】

今月《こんげつ》のスローガン「ウインナーを毎回《まいかい》くわえると吉《きち》」

東京都/あおさんウインナー

第《だい》1回《かい》の応募《おうぼ》ハガキがまだまだこんなに!

大好評《だいこうひょう》につきもう1回《かい》、同《おな》じお題《だい》で表彰《ひょうしょう》するぞ!

たくさんの応募《おうぼ》マジでありがとう!

▶恐別名《べつめい》「海《うみ》のギャング」だから心強《こころづよ》いかも? なんか意外《いがい》とハキハキ喋《しゃべ》るね。

優秀賞《ゆうしゅうしょう》

滋賀県/W・K

お題《だい》6

「桃太郎《ももたろう》のお供《とも》、4匹目《ひきめ》を変《へん》に描《か》きなさい」②

いきなりの優秀賞《ゆうしゅうしょう》を紹介《しょうかい》! どんなヤツが仲間《なかま》になるのか気《き》になります!

オ @オモボイス

がっこうにはゴリラがいる。

8歳 男性

こんなやつらが来《き》たら、戦《たたか》う前《まえ》に鬼《おに》が逃《に》げ出《だ》すこと間《ま》違《ちが》いなし！

神奈川県／K

おだい①
アホそうなヘビって書いて
ヘビ

▲恐ヘビの全身《ぜんしん》にヘビって書《か》いてあるの、アホすぎる！

京都府／しおこん部長

おだい①
「サメリーマン」
・スーツをきたサメ

▲恐軽《かる》く頭《あたま》を下《さ》げる「会《え》シャーク（会釈《えしゃく》）」も得意《とくい》かも。

東京都／N.S

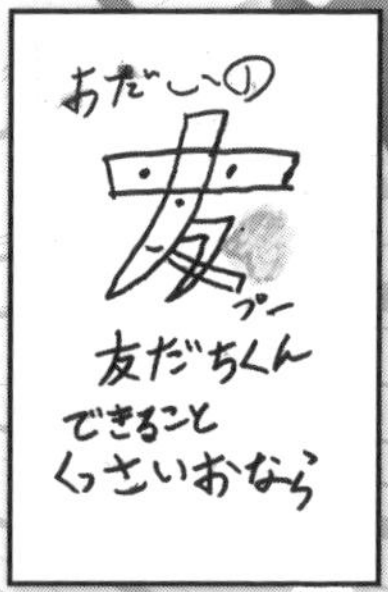
おだい①
ブー
友だちくん
できること
くっさいおなら

▲恐「おならくん」に改名《かいめい》したほうがいいんじゃないか？

お題《だい》7 「この変《へん》な種《たね》からどんな花《はな》が咲《さ》きますか？」②

広島県／T・K

お題② 理科
校長花
とくちょう
めっちゃ声がでかくてきびしい。
土

▲原このページ、校長《こうちょう》の顔《かお》が多《おお》すぎない？

岡山県／せっちゃん

▲原消《け》しゴムに対《たい》しての、鉛筆《えんぴつ》の取《と》れ高《だか》の多《おお》さがやばい。

群馬県／K.Y

お題② 理科
この変な種から どんな花が咲きますか
8km
2km

▲原先生《せんせい》が思《おも》ってたより全然《ぜんぜん》でかい種《たね》だったわ。意外《いがい》！

優秀賞《ゆうしゅうしょう》

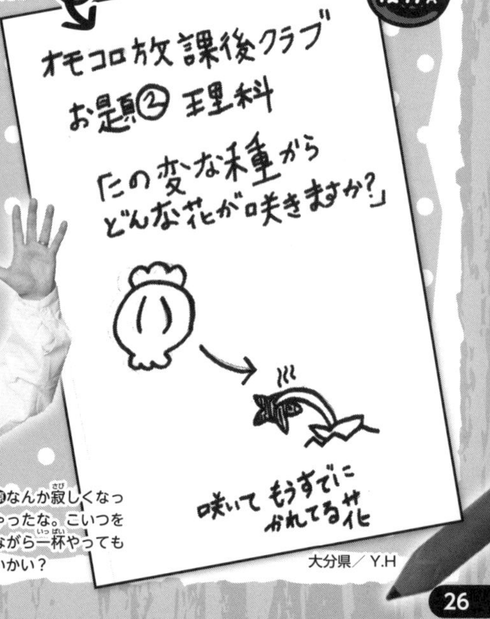
オモコロ放課後クラブ
お題② 理科
「この変な種から
どんな花が咲きますか？」
咲いて もうすでに
かれてる花

大分県／Y.H

▶原なんか寂《さび》しくなっちゃったな。こいつを見《み》ながら一杯《いっぱい》やってもいいかい？

足《た》りない…もっとだ…!! もっと変《へん》な花《はな》が満開《まんかい》になるのを見《み》せてくれーっ！

お題《だい》8

「校長《こうちょう》の体《からだ》を描《か》きなさい」②

▶校長先生《こうちょうせんせい》の顔《かお》をコピーして切《き》りとって、ハガキに貼《は》って応募《おうぼ》しよう！

校長《こうちょう》の頭《あたま》を8つに増《ふ》やすアイデア最高《さいこう》！ 校長《こうちょう》も頭《あたま》を増《ふ》やされて嬉《うれ》しそうだね！

お題③ 図工
ナガタノオロチ

新潟県／ともを

今月《こんげつ》の最優秀賞《さいゆうしゅうしょう》

最優秀賞《さいゆうしゅうしょう》に選《えら》ばれたともをさんにはソフト『星《ほし》のカービィ Wii《ウィー》デラックス』とオモコロ特製下敷《とくせいしたじ》きをプレゼント！

▲Ⓐでもまあ、どう考《かんが》えてもモンスターだからちゃんと駆除《くじょ》してもらわないとな！

千葉県／ヒカル

お題③シイタケの原木
弱点は→ナメクジ
おいしいよ8
足がとてもはやい
シイタケがきらいなんをみつけると食べるまでおいかけてくる

▶Ⓐ校長《こうちょう》の体《からだ》から生《は》えてるシイタケ食《く》いたくねー!! 何故《なぜ》かすごく甘《あま》かったりしたらどうしよう。

おたい③図工
肉にかわっておしおきよ!!
まほうしょうじょ
コッキシンガー!!
必殺!!

神奈川県／それ池アンポンタン

▶Ⓐ校長《こうちょう》がカワイイ魔法少女《まほうしょうじょ》に!? この姿《すがた》で全校集会《ぜんこうしゅうかい》に登場《とうじょう》したら神回確定《かみかいかくてい》だな！

あれ？オレの担当《たんとう》ハガキは…!?

お題③図工
体がトイレにはまってた。

東京都／K.Y

▶Ⓐトイレにはまってもこの笑顔《えがお》できるのスゲー!! スゲーけど、クセー!!

優秀賞《ゆうしゅうしょう》

すげー!! オレも早《はや》くこうなりたいぜ!!

そんな永田校長《ながたこうちょう》に衝撃《しょうげき》ハガキが!!

お題《だい》9

「先生《せんせい》あのね」①

オモコロ先生《せんせい》に好《す》きなことを伝《つた》えるコーナー。

お題4「先生あのね」

しゅくだいなしにすることと
じゅぎょうに「ゲーム」をいれて
ほしいことと、校長の話が
くそ長いから、なしにして
ほしいこと、休み時間
を30分ぐらい長くして
ほしいです もしこの全部
のもんくどおりのことを
しないと、けいさつにつう
ほうします。

マジでおねがい!!

優秀賞《ゆうしゅうしょう》　栃木県／A

おいおいおいおいおいおい!!! 警察《けいさつ》は警察《けいさつ》公共《こうきょう》の原則《げんそく》に基《もと》づき公共《こうきょう》の秩序《ちつじょ》と安寧《あんねい》を維持《いじ》するという消極目的《しょうきょくもくてき》のためのみに権利《けんり》を発動《はつどう》できるので、本件《ほんけん》に関《かん》しては民事不介入《みんじふかいにゅう》で取《と》り合《あ》ってくれないだろ!!!!

なんじゃこりゃー!!!

Web《ウェブ》宿題《しゅくだい》

サイトに投稿《とうこう》する専用《せんよう》コーナーにも投《とう》稿《こう》がぞくぞく！　爆笑回答《ばくしょうかいとう》を一挙掲載《いっきょけいさい》!!

お題《だい》10

絶対覚《ぜったいおぼ》えてもらえる自己紹介《じこしょうかい》の第一声《だいいっせい》を教《おし》えてください②

妹《いもうと》より脚《あし》が遅《おそ》いです
よろしくお願《ねが》いします
富山県／ハヤト

私《わたし》はあなたの全《すべ》てを
知《し》っています
福岡県／一般人

アホでまして
沖縄県／トモタロウ

お題《だい》11

誰《だれ》も来《こ》なかった遠足《えんそく》。どこ？②

メッシの家《いえ》
東京都／おめがちゃん

押《お》し花《ばな》の押《お》される
ほうの体験会《たいけんかい》
(100万円《まんえん》の料金《りょうきん》プラン)
埼玉県／ゆでたま

俺《おれ》のお誕生日会《たんじょうびかい》
富山県／匿名希望

今月《こんげつ》の宿題《しゅくだい》

お題《だい》は全部《ぜんぶ》で3つ！ 爆笑回答《ばくしょうかいとう》を今《いま》すぐ送《おく》ろう!!

オモロければなんでもＯＫ《オーケー》なので、ハガキに書《か》いて送《おく》りまくろう！

募集《ぼしゅう》 図工《ずこう》

「このポーズですること ランキング1位《い》はうんこ ですが、100位《い》は何《なん》でしょう」

▶右《みぎ》の写真《しゃしん》を点線《てんせん》で切《き》り取《と》って、ハガキに貼《は》って、答《こた》えを描《か》き足《た》して応募《おうぼ》しよう！

募集《ぼしゅう》 国語《こくご》

「山《やま》の頂上《ちょうじょう》で叫《さけ》ぶ言葉《ことば》を面白《おもしろ》く答《こた》えなさい」

普通《ふつう》は「ヤッホー」ですが、キミならなんと言《い》う⁉

東京都／Kくんのイラスト

募集《ぼしゅう》 理科《りか》

「この博士《はかせ》の発明品《はつめいひん》をひとつ、イラストで描《か》きなさい」

まだこの世《よ》にない発明《はつめい》でもOK《オーケー》だぞ！

コロコロ編集部《へんしゅうぶ》だより

オモコロ教職員《きょうしょくいん》を撮影《さつえい》するとき、オモロなポーズを連発《れんぱつ》でしてくれて図工《ずこう》のネタが大充実《だいじゅうじつ》。さすがのオモコロ！

オ @オモボイス

お花《はな》が校長《こうちょう》の顔《かお》だったり、校長《こうちょう》の顔《かお》が八《やっ》つになっていたり、ほかも全部《ぜんぶ》おもしろかったです。

8歳 男性

オ @オモボイス

今回初《こんかいはつ》なのですがボケを考《かんが》えるのは結果難《けっかむずか》しいと分《わ》かりました(＾＾；面白《おもしろ》かったので出来《でき》そうなお題《だい》がきたらここで提出《ていしゅつ》します(＾ω＾)

11歳 男性

オモコロ

月刊
7
BEY BLADE X
新連載
デュエル・マスターズ

2023年《ねん》コロコロ7月《がつ》号《ごう》掲載《けいさい》

その頃《ころ》、オモコロチャンネルでは…

誰の耳!?

◀耳《みみ》で神経衰弱《しんけいすいじゃく》という企画力《きかくりょく》に脱帽《だつぼう》。その気《き》があればなんだってエンタメにできるのだと思《おも》い知《し》らされた。終盤《しゅうばん》、怒涛《どとう》の耳無双《みみむそう》も！

『耳《みみ》』だけでキャラ名《めい》を当《あ》てれんのか?!
耳神経衰弱《みみしんけいすいじゃく》!

優秀賞《ゆうしゅうしょう》 今月《こんげつ》のスローガン 「世界一孤独《せかいいちこどく》なクラブにしよう」

岐阜県／ひっとん

1か月肝《げつきも》に銘《めい》じて生活《せいかつ》するのだ！

克己心
孤独《こどく》こそがオモロを成《せい》長《ちょう》させる唯一《ゆいいつ》の手段《しゅだん》なのだ!!! ぜってーに負《ま》けんなよ!!
おいおいおい!! 急《きゅう》にカッコいいな!! 人《ひと》が集《あつ》まるからクラブなのに、孤独《こどく》を目指《めざ》すっていうのがシビれる!!

今月《こんげつ》のスローガン

「ウンコ×ウンコ=ビッグウンコ??」
神奈川県／なげーいも

「うんち釣《づ》り大会《たいかい》」
広島県／優吾

「一番《いちばん》ちっちゃいから頑張《がんば》れる」
秋田県／ひま

他《ほか》はうんこが多《おお》すぎ!! お前《まえ》ら、うんこばっかり言《い》ってると孤独《こどく》になっちまうぞ!?

オ
@オモボイス

オモコロ王《おう》におれはなる!!

10歳 男性

金《かね》持《も》ちの考《かんが》え方《かた》は理解不能《りかいふのう》!!

お題《だい》12

「世界一《せかいいち》の大金持《おおがねも》ちがしている遊《あそ》びを教《おし》えて」

これって何《なに》が楽《たの》しいの!? 人間《にんげん》に羨《うらや》ましがられるターンが終《お》わって、今度《こんど》は犬《いぬ》から羨《うらや》ましがられたいの!? なんだこいつ!

逆《ぎゃく》に!? 逆《ぎゃく》にもう使《つか》わないの!? 世界一《せかいいち》の金持《かねも》ちってすげー…。

岩手県／M.R

今月《こんげつ》の最優秀賞《さいゆうしゅうしょう》

内容《ないよう》もイラストも抜群《ばつぐん》だったMさんにはゲームソフト『星《ほし》のカービィ Wii《ウィー》デラックス』と特製《とくせい》オモコロ下敷《したじ》きをセットでプレゼント!! お金持《かねも》ちになった気《き》分《ぶん》で楽《たの》しんでね！

優秀賞《ゆうしゅうしょう》

大阪府／H.N

奈良県／カーキ

▶加 普通《ふつう》のジェンガと楽《たの》しさ変《か》わらないのに崩《くず》れると大変《たいへん》! 金塊《きんかい》って重《おも》いんだぜ!?

青森県／コロドラゴン愛好家

▶加 配《くば》ってる大金持《おおがねも》ちならいるけど、ここまでしてるのは見《み》たことない! みんなは大事《だいじ》にしようね…。

先生《せんせい》あのね「アァン? アァン? アァン? アァン? アァン?」神奈川県／O.Y

アァン? アァ〜ン? アンッ! アァァァ…アァン!! ア――――――!!!!!!（加藤《かとう》）

めちゃめちゃケモノ感《かん》の
強《つよ》いペガサス。人参《にんじん》じゃなくて
豚《ぶた》ラーメン用意《ようい》しなきゃ!

お題《だい》13

?

「このペガサスの鳴《な》き声《こえ》を答《こた》えなさい」

優秀賞《ゆうしゅうしょう》

肉くわせろ。肉くわせろ。肉くわ
せろ。肉くわせろ。肉くわせ
ろ。肉くわせろ。肉くわ
くわせろ。肉くわせろ肉くわせろ肉

静岡県／T.A

千葉県／もっさん

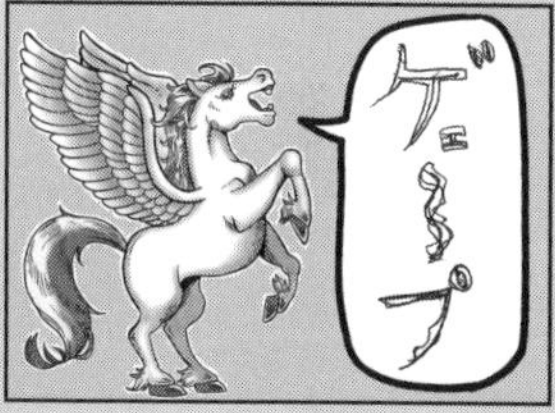
ゲェ〜ップ

▲原ペガサスだってげっぷもするしおならもする。生《い》きるってそんなもんよ。

滋賀県／W.K

あー空
とびてえなー

▲原めちゃくちゃ飛《と》べるタイプやろがい。

うわわじりクりブゥッツン
ブロブフウ…ウンコ
ブックンビビビ

大阪府／H.K

▲原コロコロでもウンコをゴックンするまでの漫《まん》画《が》はなかなかない。一度《いちど》冷静《れいせい》にコロコロを読《よ》み返《かえ》してみて（全裸《ぜんら》で）。

石川県／たつや

ここ、さつえいきんし
ですよ〜?

▲原ペガサスからこういう普通《ふつう》の注意《ちゅうい》を受《う》けるの、なんか屈辱的《くつじょくてき》。

うちの飛行《ひこう》ユニットはアグレッシブぞろいだぞい!

先生《せんせい》あのね「何回《なんかい》も応募《おうぼ》してもいいんですか?」 山形県／T.D

人生《じんせい》のブレーキを踏《ふ》むにゃまだ早《はや》い。フルスロットルでたのむ。（原宿《はらじゅく》）

お題《だい》14

「モアイ像《ぞう》の地面《じめん》の下《した》はどうなっている？」

優秀《ゆうしゅう》賞《しょう》

和歌山県／M.R

つながっているボール

▶Ⓐモアイにボール!?　どゆこと？　意外《いがい》すぎ！　でもこの予想《よそう》外《がい》が素晴《すば》らしい！　俺《おれ》も急《きゅう》に予想外《よそうがい》なこと言《い》っちゃお。「暴《あば》れゴリラのヒシャリ金玉《きんたま》（しょうゆ味《あじ》）」

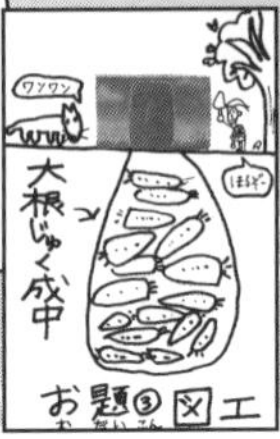

ワンワン
大根じゅく成中
お題③図工

石川県／大根おろし

モチンさん

愛知県／Y.W

▶Ⓐ食《た》べ物《もの》からチンコまで幅広《はばひろ》い回答《かいとう》が届《とど》いて無事《ぶじ》食欲《しょくよく》がゼロになったぜ！　ダイエット成功《せいこう》だ！　みんなありがとう！

お題《だい》15

「先《せん》生《せい》あのね」②

優秀《ゆうしゅう》賞《しょう》

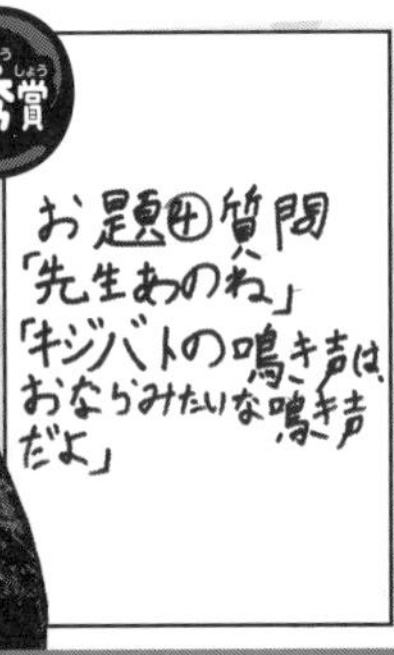

お題④質問
「先生あのね」
「キジバトの鳴き声は、おならみたいな鳴き声だよ」

神奈川県／D

教《おし》えてくれてありがとう！　気《き》になってYouTube《ユーチューブ》で調《しら》べてみたけど、全然《ぜんぜん》そんなことなかったぞ！　もしキミのおならがこの音《おと》なら、ケツにキジバトが住《す》んでるのかも？　救急車《きゅうきゅうしゃ》と猟友会《りょうゆうかい》を呼《よ》ぼう！

Web《ウェブ》宿題《しゅくだい》

専用《せんよう》サイトで募集《ぼしゅう》したお題《だい》にも投稿《とうこう》ぞくぞく！　特《とく》にオモロな回答《かいとう》はコレだ!!

お題《だい》16

次《つぎ》の【　】を変《へん》に埋《う》めなさい。「犬《いぬ》も歩《ある》けば【　】。」

優秀《ゆうしゅう》賞《しょう》 **叫《さけ》ぶ、ド派手《はで》に**
兵庫県／にわとりもち

恋《こい》が始《はじ》まる
香川県／米

ちんこが揺《ゆ》れる
東京都／よう

いいと思《おも》うよ？
福島県／しゅうまい

お題《だい》17

鉛筆《えんぴつ》に書《か》いてある「HB《エイチビー》」ってなんの略《りゃく》？

優秀《ゆうしゅう》賞《しょう》 **ホタテバター**
東京都／おめがちゃん

はんぱない量《りょう》のバラン
福岡県／いそぎんちゃく失踪事件

ひらがな勉強中《べんきょうちゅう》
神奈川県／こたろう

変《へん》な棒《ぼう》
鳥取県／ラッキー

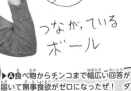

今月《こんげつ》の宿題《しゅくだい》

お題《だい》は全部《ぜんぶ》で3つ!!!　爆笑回答《ばくしょうかいとう》を求《もと》む！

今回《こんかい》のお題《だい》はコレ！　オモコロメンバーが笑《わら》えばなんでもOK《オーケー》なので、ドシドシ応募《おうぼ》してね!!

募集《ぼしゅう》 国語《こくご》

「本気《ほんき》と書《か》いて『マジ』と読《よ》む。『母《はは》』と書《か》いて何《なん》と読《よ》む?」

本気《マジ》で誰《だれ》も見《み》たことのない読《よ》み方《かた》を考《かんが》えてみてください！

国語担当《こくごたんとう》
ダ・ヴィンチ・恐山《おそれざん》

募集《ぼしゅう》 社会《しゃかい》

「人類《じんるい》の進化《しんか》の途中《とちゅう》を面白《おもしろ》くイラストで答《こた》えなさい。」

人間《にんげん》の進化《しんか》には、とんでもない秘密《ひみつ》が!?

募集《ぼしゅう》 図工《ずこう》

「この人達《ひとたち》に変《へん》なものを応援《おうえん》させなさい。点線《てんせん》で切《き》り取《と》って、イラストで描《か》いてください。」

▲上《うえ》の絵《え》をコピーして点線《てんせん》で切《き》り取《と》って、ハガキに貼《は》ろう。次《つぎ》に空《あ》いているスペースに答《こた》えを描《か》き足《た》して応募《おうぼ》してね！

普通《ふつう》は誰《だれ》も応援《おうえん》しない変《へん》なものを応援《おうえん》させよう！

コロコロ編集部《へんしゅうぶ》だより

Web《ウェブ》宿題《しゅくだい》には回答《かいとう》のほかにもたくさんのご意見《いけん》ご感想《かんそう》が。そこで@オモボイスとしてこの本《ほん》に載《の》せることに。

@オモボイス

オモコロの連載《れんさい》が始《はじ》まってから久《ひさ》しぶりに購読《こうどく》し始《はじ》めましたが、自分《じぶん》が子供《こども》の頃《ころ》に読《よ》んでいた本《ほん》の面白《おもしろ》みが現代的《げんだいてき》に進化《しんか》していて、この歳《とし》でも楽《たの》しく読《よ》むことが出来《でき》ました。オモコロコラボに関《かん》しては、誌面《しめん》だけでなく二刀流《にとうりゅう》コーマさんのツイッター告知《こくち》の内容《ないよう》からも熱量《ねつりょう》がひしひしと伝《つた》わり、とても感激《かんげき》しております。今後《こんご》は放課後《ほうかご》クラブだけでなく、可能《かのう》であれば動画《どうが》コラボ第二弾《だいにだん》など、コロコロとオモコロの相性《あいしょう》の良《よ》さをアピールする場《ば》を沢山作《たくさんつく》って欲《ほ》しいです。これからも応援《おうえん》しています！

20歳　男性

@オモボイス

うんこネタ多《おお》すぎ　でもなぜか面白《おもしろ》い。

8歳　男性

ダ・ヴィンチ・恐山先生《おそれざんせんせい》の大喜利講座《おおぎりこうざ》―#2 「2段飛《だんと》ばし」で差《さ》をつけろ!

良《い》いボケで「予想《よそう》を裏切《うらぎ》る」ためにはどうすればいいんだろう? ここで使《つか》えるテクニックを教《おし》えよう。それは**「2段飛《だんと》ばし」**だ。まずはみんなが考《かんが》えそうなことを一《ひと》つ思《おも》いついて、その上《うえ》でさらにもう一段《いちだん》ひねってみるんだ。

さっきの「こんな給食《きゅうしょく》はイヤだ!」というお題《だい》を例《れい》にしてみよう。まず、すぐに「給食《きゅうしょく》がウンコ」という発想《はっそう》が浮《う》かんだとする。このとき**「給食《きゅうしょく》がウンコ」をスタート地《ち》点《てん》に置《お》いて、さらにボケる**とどうなるだろう。

給食中《きゅうしょくちゅう》は「ごはん→おかず→スープ」で三角食《さんかくた》べしろ、と先生《せんせい》に注意《ちゅうい》されたりする。じゃあ、給食《きゅうしょく》がウンコなのが当《あ》たり前《まえ》な世界《せかい》ではどんな風景《ふうけい》が広《ひろ》がってるか考《かんが》えてみよう。たとえば、こんな回答《かいとう》が思《おも》いつく。

●「ご飯《はん》→ウンコ→スープで三角食《さんかくた》べしろ」と先生《せんせい》に叱《しか》られる。

ただ「給食《きゅうしょく》がウンコ」とだけ答《こた》えるよりも、他《ほか》の人《ひと》が思《おも》いつきにくい答《こた》えになっているのに気《き》づいただろうか。発想《はっそう》を2段飛《だんと》ばすと、より「予想外《よそうがい》!」と思《おも》ってもらいやすいし、**「なんでウンコが出《で》てくるんだよ!」とツッコミたくなるのだ。**相手《あいて》が思《おも》わずツッコミを入《い》れてしまったら大喜利《おおぎり》は勝《か》ちだ!

100メートル走《そう》でも、自分《じぶん》だけ150メートル走《そう》をやっていると思《おも》って走《はし》ると他《ほか》の人《ひと》より速《はや》く走《はし》れる。ゴール直前《ちょくぜん》で力《ちから》を抜《ぬ》かなくなるからだ。**まずは普通《ふつう》の発想《はっそう》を思《おも》いつくことを怖《こわ》がらないで、その先《さき》を探《さが》しに行《い》こう!**

2023年《ねん》コロコロ8月号掲載《がつごうけいさい》

その頃《ころ》、オモコロチャンネルでは…

感動した!!
小泉さんぽ内閣

◀コスプレして外《そと》ロケ。無秩序《むちつじょ》に躍動《やくどう》する5人《にん》。突然《とつぜん》のダイジェスト編《へん》集《しゅう》。これだからオモコロはやめられない！感動《かんどう》した！

小泉《こいずみ》さんぽ内閣《ないかく》

今月《こんげつ》のスローガン

「もくじの次《つぎ》におもしろい」

優秀賞《ゆうしゅうしょう》

千葉県／ハナクソモンスター

もくじの次《つぎ》におもしろいってことは実質《じっしつ》1位《い》ってこと?!?!
やったー!! やったやったやったやったやった——!!! やったやったやったやったやったやったやった——!!!! やったよ〜〜!!!! お〜〜〜い!!! やったよ〜〜〜〜!!!! やった——!!!! やったやったやったやったやったやったやったやったやったやったやったやったやった——!!!!

「世界《せかい》のでんぷんを青紫《あおむらさき》に！」
高知県／無色６２

「悲《かな》しい事《こと》があったとき、涙《なみだ》を流《なが》してもいいけど、ウンコは流《なが》すな」
京都府／しょうさまかみ

「給食《きゅうしょく》のうずらの卵《たまご》家《いえ》まで口《くち》に入《い》れて帰《かえ》ってもばれない」
鹿児島県／amiibo

?

お題《だい》18

「山《やま》の山頂《さんちょう》で叫《さけ》ぶ言葉《ことば》を面白《おもしろ》く答《こた》えなさい」

今《いま》どき「ヤッホー」なんてAI《エーアイ》でも言《い》える！人間《にんげん》にしか叫《さけ》べない言葉《ことば》をお願《ねが》いします！

オ @オモボイス

学校《がっこう》にこんなクラブあったらいいのにな～。
10歳　男性

愛知県／S

$\left(\int_0^\infty \frac{\sin x}{\sqrt{x}}dx\right)^2$ はー!

▲(恐)わざわざ山《やま》の上《うえ》で無限大《むげんだい》の範囲《はんい》を含《ふく》む関数《かんすう》を積分《せきぶん》して二乗《にじょう》すな!!

優秀賞《ゆうしゅうしょう》

いえにちずわすれてきたから
だれかとってきてー

▲(恐)賢《かしこ》い！　ちなみに山《やま》で遭難《そうなん》したときやみくもに下《くだ》り坂《ざか》を歩《ある》くと、山奥《やまおく》のくぼみに着《つ》いたときヤバいので注意《ちゅうい》！

京都府／K.H

静岡県／Y

呪文
大地の神々よ、うちゅうの神々よわが力を、全人類よめっせよ、ほろびよ
ぜつぼうせよ

◀(恐)「では引《ひ》き換《か》えにお前《まえ》の命《いのち》をいただこう」というやまびこが返《かえ》ってくるかもしれないぞ！

優秀賞《ゆうしゅうしょう》

うえ
みぎ
した
……わかりません!
左 視力 5.0

愛知県／りょた

▶(恐)エクストリーム検《けん》査《さ》！ 視《し》力《りょく》だけじゃなくて肺活量《はいかつりょう》も鍛《きた》えないと難《むずか》しそうです！

ちなみに日本《にっぽん》だと「ヤッホー」が有名《ゆうめい》ですが、ドイツでは「ユーフー」って言《い》うらしいです。試《ため》しに叫《さけ》んでドイツ人《じん》だと思《おも》われよう！

▼(恐)山《やま》より大《おお》きい墓《はか》ってなんなんだ!?「なんまんだー」って言《い》ってるのもなんなんだ!?

愛知県／Y.T

募集①国語
大きいはかがあった。
なんまんだー
なんまんだー
なんまんだー
なんまんだー
なんまんだー
はか

岩手県／M.R

面白く答えなさい」
待ち!
ちょ…ちょっ、

▲(恐)自分《じぶん》の存在《そんざい》をすっかり忘《わす》れて下山《げざん》していくクラスメートたちに向《む》けて……。

お題《だい》19

「この博士《はかせ》の発明品《はつめいひん》をひとつ、イラストで描《か》きなさい」

ピッ

世界《せかい》を変《か》えるあんな発明《はつめい》こんな発明《はつめい》が集《あつ》まったぞ！押《お》しちゃう！

優秀賞《ゆうしゅうしょう》

千葉県／ボールペン

②理科

▲原ちゃんとそこから発明《はつめい》していくんかい！

優秀賞《ゆうしゅうしょう》

群馬県／まさかの校長

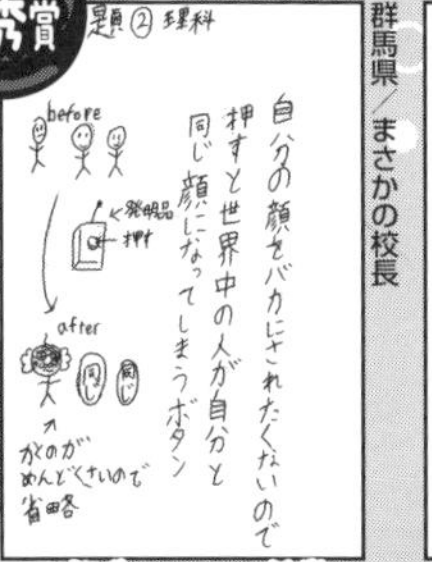
題②理科
before
発明品
押す
after
同じ
同じ
かくのがめんどくさいので省略
自分の顔をバカにされたくないので押すと世界中の人が自分と同じ顔になってしまうボタン

▲原映画《えいが》だったら完全《かんぜん》に「悪役《あくやく》」の方《ほう》の発明《はつめい》だね！

大分県／I.Y

募集②理科
わかがえりの薬
(しっぱい作)
(25才)
しっぱいして老化してしまった

▲原失敗《しっぱい》してこの姿《すがた》になってたんだ！

岩手県／M.R

募集②理科

▲原流《なが》したくなくなっちゃうのは困《こま》る。

大阪府／H.S

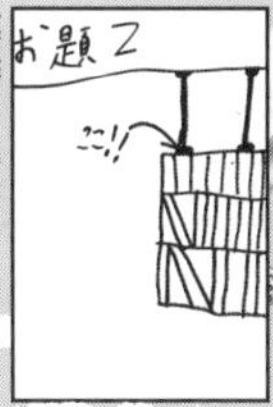
お題2
ここ!!

▲原本棚《ほんだな》が倒《たお》れなくて普通《ふつう》にいい発明《はつめい》。

お題《だい》20

「このポーズですることランキング1位《い》はうんこですが、100位《い》は何《なん》でしょう」

佐賀県／ココナッツ

逆うき
(さか立ちうき)

▲Ⓐ知《し》らない技《わざ》すぎて面白《おもしろ》いけど、さりげなく片腕《かたうで》もげてんじゃねーか！

大阪府／H.K

③図工
やきマシュマロ

▲Ⓐ100%《パーセント》純粋《じゅんすい》な拷問《ごうもん》かい!!!!!!!!!!

大分県／はっくつ名人

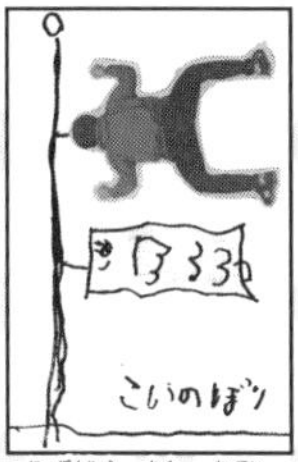
こいのぼり

▲Ⓐ日本中《にっぽんじゅう》の各《かく》ご家庭《かてい》にこれが飾《かざ》られてたらウケちゃうかもな。

広島県／K

お題③「図工」
こうゆう体そう、いいね!

◀Ⓐこれなら自分《じぶん》のケツの臭《にお》いを自分《じぶん》で嗅《か》げるじゃん！ やったー!! メリットゼロ！

俺《おれ》が大変《たいへん》なことになってるハガキが続々《ぞくぞく》届《とど》いたぞ！

今月《こんげつ》の最優秀賞《さいゆうしゅうしょう》は…！

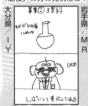

初《はつ》のW《ダブル》受賞《じゅしょう》！ どちらも 神奈川県／I・K

今月《こんげつ》の最優秀賞《さいゆうしゅうしょう》

どちらのハガキもオモコロメンバー大爆笑《だいばくしょう》だったので、Iさんには最《さい》優秀賞《ゆうしゅうしょう》と優秀賞《ゆうしゅうしょう》のW受賞決《ダブルじゅしょうけっ》定《てい》！　ソフト「星《ほし》のカービィ Wii《ウィー》 デラックス」とオモコロ特製下敷《とくせいしたじ》きを2枚《まい》プレゼント!!

優秀賞《ゆうしゅうしょう》

Web《ウェブ》宿題《しゅくだい》

お題《だい》21 オモコロ放課後《ほうかご》クラブの変《へん》な校則《こうそく》を答《こた》えなさい

優秀賞《ゆうしゅうしょう》 **その日《ひ》の帰《かえ》り道《みち》ドリンクバーを見《み》る**

愛知県／くま

オナラをしたら必《かなら》ずほうこく

宮崎県／ショー

お金持《かねも》ちにゴミをあげる

愛知県／バグわざ

お題《だい》22 「学校《がっこう》の七不思議《ななふしぎ》」に採用《さいよう》されなかった幻《まぼろし》の八個目《はちこめ》とは？

優秀賞《ゆうしゅうしょう》 **夜《よる》に学校《がっこう》の音楽室《おんがくしつ》に行《い》くと…校長《こうちょう》が鼻《はな》くその大《おお》きさを測《はか》ってる**

静岡県／ユウゴゴゴゴゴ

どうせ俺《おれ》は8個目《こめ》の不思議《ふしぎ》ですよ七不思議《ななふしぎ》じゃないんでねと、語《かた》りかけてくるターザンロープ

群馬県／おもちいち

かかとナメナメマン

神奈川県／ぽかぽかしてる人々

今月《こんげつ》の宿題《しゅくだい》

お題《だい》は全部《ぜんぶ》で3つ！　爆笑回答《ばくしょうかいとう》を今《いま》すぐ送《おく》ろう!!

下《した》のお題《だい》から好《す》きなものを選《えら》んで、ハガキに書《か》いて投稿《とうこう》しよう！　一度《いちど》に何枚送《なんまいおく》っても、もちろんOK《オーケー》だぞ。

募集《ぼしゅう》　図工《ずこう》

「UFO《ユーフォー》が吸《す》いこんでいるものは何《なん》でしょう面白《おもしろ》く答《こた》えなさい」

異星人《いせいじん》の気持《きも》ちになって答《こた》えてくれたまえ！

▼下《した》のイラストの「?」部分《ぶぶん》にハメこみたい絵《え》を描《か》いてね！　こちらで絵《え》を合成《ごうせい》するよ。

?

コロコロ編集部《へんしゅうぶ》だより

投稿《とうこう》ハガキの住所《じゅうしょ》の部分《ぶぶん》に県名《けんめい》ではなく小学校名《しょうがっこうめい》が書《か》かれていることが…。その場合《ばあい》は泣《な》きながら検索《けんさく》します。

募集《ぼしゅう》　国語《こくご》

「『なつやすみ』をいれた五《ご》・七《しち》・五《ご》の俳句《はいく》をおもしろく作《つく》りなさい」

なつやすみ
あつくて体《からだ》が
とけました
くらいがいいかもです！

募集《ぼしゅう》　社会《しゃかい》

?

「この偉人《いじん》っぽい人《ひと》の残《のこ》した名言《めいげん》を、文字《もじ》で面白《おもしろ》く答《こた》えなさい」

歴史《れきし》に残《のこ》るバカな回答《かいとう》を送《おく》ってくれよな!!

オ @オモボイス
ギャグがとっても面白《おもしろ》かったー！　永田《ながた》さんがリアルだと思《おも》った！
8歳　男性

オ @オモボイス
ARuFa《アルファ》は何故《なぜ》サングラスをかけているのですか？
7歳　男性

人物紹介《じんぶつしょうかい》

図工《ずこう》 ARuFa《アルファ》

図工《ずこう》を担当《たんとう》しているナゾの目隠《めかく》し男《おとこ》！　芸術《げいじゅつ》のためならケツだって出《だ》せるぞ！

彼《かれ》の描《えが》く絵《え》はとても人気《にんき》！　中《なか》でも「楽《たの》しかった遠足《えんそく》の後《あと》に書《か》かされる作文《さくぶん》の最悪《さいあく》さ」を表現《ひょうげん》した絵《え》、『天国《てんごく》と地獄《じごく》』は世界中《せかいじゅう》の小学生《しょうがくせい》の共感《きょうかん》を生《う》んだ。

絵《え》の具《ぐ》の色《いろ》ごとの味《あじ》が気《き》になって一通《ひととお》りなめてみたら、黄色《きいろ》が一番《いちばん》おいしくて緑色《みどりいろ》が一番《いちばん》まずいことを発見《はっけん》した男《おとこ》。次《つぎ》の日《ひ》に虹色《にじいろ》のウンコが出《で》たのは言《い》うまでもない。

小《ちい》さい頃《ころ》、鉄棒《てつぼう》の練習中《れんしゅうちゅう》にどこに力《ちから》を入《い》れていいのかわからず、逆上《さかあ》がりをしながらウンコをもらしたことがあるらしい。大人《おとな》にはみんな悲《かな》しい過去《かこ》があるんだ。

身長《しんちょう》は13cm《センチ》

趣味《しゅみ》は、全国《ぜんこく》の小学校《しょうがっこう》をまわって、人知《ひとし》れず図《ず》工室《こうしつ》に変《へん》なニオイの香水《こうすい》をまくこと。図工室《ずこうしつ》のあの変《へん》なニオイは全部《ぜんぶ》ARuFa《アルファ》のしわざだ！

特別《とくべつ》まんが「ARuFa《アルファ》先生《せんせい》の授業風景《じゅぎょうふうけい》」 作《さく》／ぺろり

先生《せんせい》できました!!
こいのぼり
私《わたし》も!!
③図工
やきマシュマロ
ぼくも!!
逆《さか》うき
(さか立ちうき)
フム…、これはすばらしい…。
このままウンコしたらどうなるんだろ♥
うんこいのぼり
プリ
うぎゃあああああ
あっつ
バヒューン
焼《や》きウンコ
逆《さか》ウンコ
ムフフ…。
克己心
どんな感想《かんそう》!?
おや、校長《こうちょう》!!どうですこの作品《さくひん》たち。
克己心
すげーけどケツとウンコばっかじゃねーか。
立体部門《りったいぶもん》の作品《さくひん》もありますよ。
立体部門《りったいぶもん》!?

※ギャラリー…作品《さくひん》を展示《てんじ》する場所《ばしょ》のこと。

こうして見《み》てると いつも思《おも》うんです…。
ケツって――、愛《あい》と芸術《げいじゅつ》を 生《う》み出《だ》す所《ところ》なんだ…って。
ウンコと オナラ出《だ》す 所《ところ》だよ。
ゲリ
さあさあ 授業《じゅぎょう》再《さい》開《かい》だ！
キミたちの 想像力《そうぞうりょく》を ケツに ぶつけちゃおっ!!
わ～い！
ハイ せんせ～
今《いま》すぐ やめろ！

大人気ギャグまんが
2作品がミラクル合体!!
月刊
9
700円
星のカービィ
BEYBLADE X
ブラックチャンネル

2023年《ねん》コロコロ9月号掲載《がつごうけいさい》

その頃《ころ》、オモコロチャンネルでは…

豚バラ料理で勝負だ!!
豚バラバトラー

◀絶対《ぜったい》に存在《そんざい》するはずはないのに、なぜか「あるある」と思《おも》わされてしまうから不思議《ふしぎ》である。「豚《ぶた》バラセット！ゴーシュート！」

豚《ぶた》バラは争《あらそ》いの道具《どうぐ》じゃない! みんなを笑顔《えがお》にするためのものだ!【豚《ぶた》バラバトラー】

今月《こんげつ》のスローガン 「ネギはさすまたを食《た》べ放題《ほうだい》にする」 優秀《ゆうしゅう》賞《しょう》

京都府／いみのないダイコン

「みんな! 勝《か》てないドラゴンに勝《か》ってくれ!!」
東京都／カレールー

「何《なに》かをください」
東京都／さしみ

「毎日時計《まいにちとけい》をぶっこわす」
東京都／切符

「どうすればいいの～」
埼玉県／たったつ

「ネギはさすまた」って何《なに》? どういうこと? 1回説明《かいせつめい》して? 食《た》べ放題《ほうだい》かどうかの前《まえ》に1回説明《かいせつめい》して? スローガンとかの前《まえ》に言葉《ことば》の意味《いみ》を1回説明《かいせつめい》して? わけわからんから わけわからん!! 優秀賞《ゆうしゅうしょう》!!

お題《だい》23 「本気《ほんき》と書《か》いて『マジ』と読《よ》む。『母《はは》』と書《か》いて何《なん》と読《よ》む?」

神奈川県／ka

いえのおう
母

何《なに》があっても知《し》りませんよ～!!
こんなネタで採用《さいよう》されたことがバレたら「いえのおう」はどんな反応《はんのう》をするのやら…!?

次《つぎ》のページにも爆笑回答《ばくしょうかいとう》が続々《ぞくぞく》!

@オモボイス
ざっくりですが頑張《がんば》ってください! 応援《おうえん》してます!
8歳 男性

優秀《ゆうしゅう》賞《しょう》

お題 ①
コロコロ

岡山県／I.T

▲恐そ、その発想《はっそう》はなかったです！　確《たし》かにコロコロだ！　なんか余《あま》ってるパーツがあるけど多《おお》めに見《み》よう!!!

東京都／てんじょう

ママンモスプーン
ゴロンゴロちく
母

▲恐声《こえ》に出《だ》して読《よ》みたくなってしまう日本語《にほんご》！　日本語《にほんご》か？

埼玉県／アイス食べたい

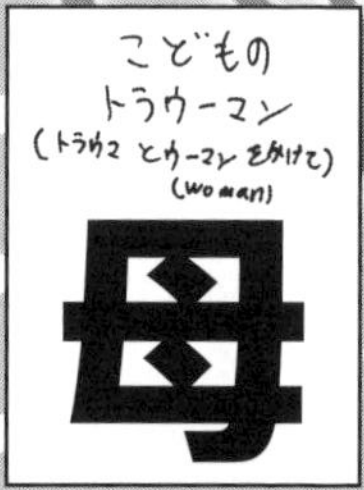

こどもの
トラウーマン
(トラウマ とウーマン を掛けて)
(woman)
母

▲恐トラウマとウーマンでトラウーマン!?　メスのトラかと思《おも》いました。

優秀《ゆうしゅう》賞《しょう》

東京都／COLO

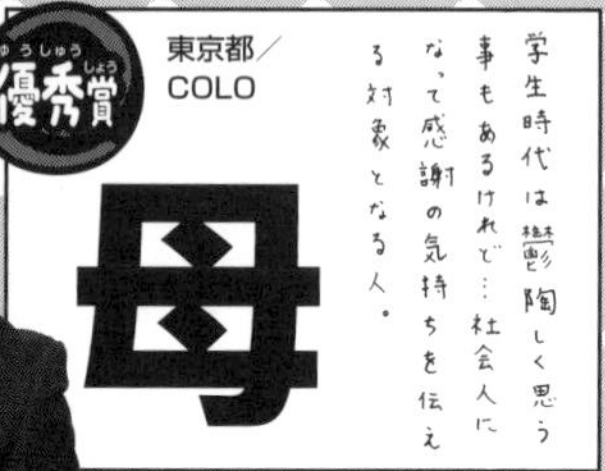

母
学生時代は鬱陶しく思う事もあるけれど…社会人になって感謝の気持ちを伝える対象となる人。

▲恐心《こころ》あたたまる、感動《かんどう》の投稿《とうこう》……。（このハガキを書《か》く後《うし》ろに「母《はは》」の監視《かんし》がないなら。）

お題《だい》24

?

「人類《じんるい》の進化《しんか》の途中《とちゅう》を面白《おもしろ》くイラストで答《こた》えなさい」

神奈川県／I.A

▶加一回《いっかい》おいしくなってたんだね。おいしすぎて、狩《か》られまくったのか？

青森県／N.C

◀加これで止《と》まっといてくれよ！　なぁ！　なぁて！　ここでさ！　なんで進化《しんか》した！

神秘《しんぴ》に包《つつ》まれた人類《じんるい》の進化《しんか》！　何《なに》が起《お》こっても不思議《ふしぎ》じゃない…、はず！

優秀《ゆうしゅう》賞《しょう》

広島県／ A.Y

▲加水中《すいちゅう》で暮《く》らしていた時期《じき》があった!?　スマホも保護《ほご》してるし、目《め》がキレイなのもグッド！

優秀《ゆうしゅう》賞《しょう》

京都府／ K.H

▲加ディナーって単語選《たんごえら》びが最高《さいこう》！　あと、これってディナーなのか!?

東京都／ N.S

大阪府／ H.S

石川県／たつや

▲加人類《じんるい》は進化《しんか》の途中《とちゅう》にこっち向《む》くこと多《おお》いな、一回読者《いっかいどくしゃ》のほう意識《いしき》した？こいつらどうやって人間《にんげん》になれたんだ…。

お題《だい》25

「この人《ひと》たちに変《へん》なものを応援《おうえん》させなさい」

優秀《ゆうしゅう》賞《しょう》

大分県／
はっくつ名人

▲Ⓐつい1時《じ》ちょうどまで見《み》ちゃうやつだ！あと時計《とけい》ってジッと見《み》てると時間《じかん》の進《すす》みがゆっくり感《かん》じない？　何《なに》あれ？　バグ？

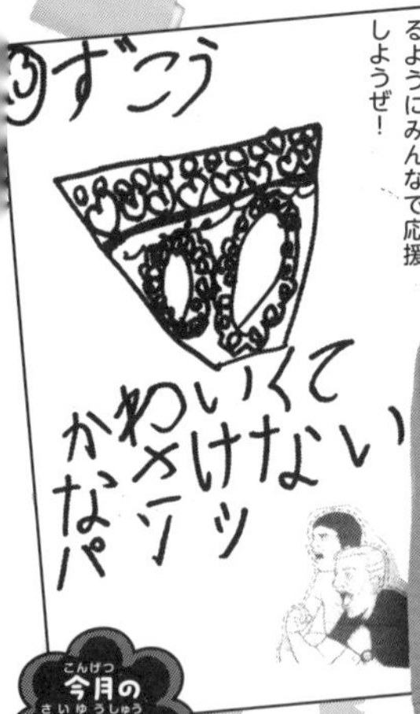
かわいくてなさけないパンツ

今月《こんげつ》の最優秀《さいゆうしゅう》賞《しょう》

大阪府／H.N

なんとも言《い》えないパンツを描《か》いたHさんには、ソフト『星《ほし》のカービィ Wii《ウィー》デラックス』と特製《とくせい》オモコロ下敷《したじ》きをプレゼント！

◀Ⓐいつか『かわいくて強《つよ》いパンツ』になれるようにみんなで応援《おうえん》しようぜ！

えっ？　何《なに》これ？　なんで俺急《おれきゅう》にパンツはかされてんの⁉　えっ、怖《こわ》い怖《こわ》い！　コロコロってそういうことすんの⁉　……ん？　でも待《ま》って、意外《いがい》と似合《にあ》って……る？　似合《にあ》ってるよねこれ？　ふ、ふ～ん……。俺《おれ》ってこういうのが似合《にあ》うんだ……アザーーース!!!

▶Ⓐ俺《おれ》が学校《がっこう》でおならしちゃった時《とき》もこれくらい応援《おうえん》して欲《ほ》しかったぜ。

兵庫県／あらちゃん

▶Ⓐジャンピングうんこ落《お》とし!?　これは燃《も》えるぜ！

大根プロレス

兵庫県／匿名木棒

▶Ⓐ大根同士《だいこんどうし》の争《あらそ》いを全力《ぜんりょく》で応援《おうえん》できる世界《せかい》って平和《へいわ》で素敵《すてき》！

大阪府／N.K

Web《ウェブ》宿題《しゅくだい》

お題《だい》26　セミの鳴《な》き声《ごえ》を人間語《にんげんご》に翻訳《ほんやく》しなさい

優秀《ゆうしゅう》賞《しょう》　セミだらけ！　東京都／なお

ショッピングがないから家電《かでん》がつかえない　神奈川県／ちきん

セミ専用《せんよう》トイレが無《な》いからもらしちゃうの！　東京都／うさマン

人生短《じんせいみじか》いけどやることねえわ　東京都／ウナギ中のペガサス

お題《だい》27　徳川家康《とくがわいえやす》のミドルネームを面白《おもしろ》く答《こた》えなさい

優秀《ゆうしゅう》賞《しょう》　徳川《とくがわ》・巨大本棚《きょだいほんだな》・家康《いえやす》　広島県／あっしぃー

優秀《ゆうしゅう》賞《しょう》　徳川《とくがわ》・忘《わす》れ去《さ》られた恋《こい》・家康《いえやす》　福岡県／一般人

徳川《とくがわ》・ボムでドッカン・家康《いえやす》　岡山県／しょうちゃん

徳川《とくがわ》・赤《あか》い屋根《やね》の大《おお》きな・家康《いえやす》　東京都／ふえるわかめ

今月《こんげつ》の宿題《しゅくだい》

お題《だい》は全部《ぜんぶ》で3つ！ 爆笑回答《ばくしょうかいとう》を求《もと》む!!

今回《こんかい》の募集《ぼしゅう》は社会《しゃかい》、理科《りか》、図工《ずこう》！　オモコロメンバーが思《おも》わず笑《わら》っちゃいそうな答《こた》えを書《か》いて送《おく》ってね!!

募集《ぼしゅう》 図工《ずこう》

「ツルッツルな永田校長《ながたこうちょう》の髪型《かみがた》をおバカに描《か》きなさい」

▲上《うえ》の絵《え》をコピーして点線《てんせん》で切《き》り取《と》って、ハガキに貼《は》ろう。

見《み》ろよ、笑《わら》ってるぜ……これから髪形《かみがた》をおバカにされるっていうのに大《たい》した男《おとこ》だ。

募集《ぼしゅう》 社会《しゃかい》

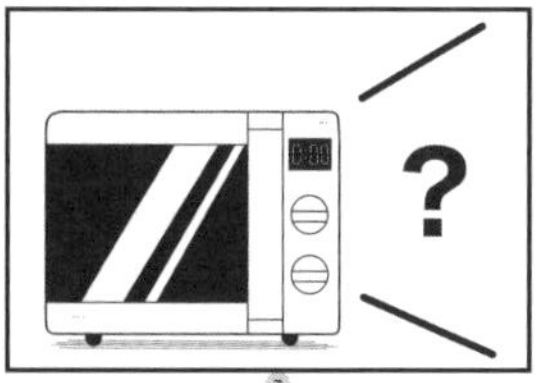

「まったく売《う》れなかった電子《でんし》レンジ。どんな音《おと》がなる？」

変《へん》な音《おと》すぎて売《う》れなかった…気《き》になるね…。

募集《ぼしゅう》 理科《りか》

「ひよこの成長《せいちょう》の途中《とちゅう》を面白《おもしろ》おかしくイラストで描《か》きなさい」

君《きみ》たちはどうピヨるか！好《す》きにピヨんなさい！

コロコロ編集部《へんしゅうぶ》だより

永田校長《ながたこうちょう》の頭《あたま》の処理《しょり》は、この記事担当《きじたんとう》デザイナーさんにしてもらいました。これも立派《りっぱ》な大人《おとな》のお仕事《しごと》なのです。

オ
@オモボイス

いつも、おいしいネタありがとう m(_ _)m

8歳　女性

オ
@オモボイス

エグかった。

41歳 男性

こんなとき大人《おとな》に「こう言《い》えばウケるぞ!」

こどもたちに伝《つた》えたい、先生《せんせい》たちの爆笑《ばくしょう》テクニック。これで年収《ねんしゅう》(!?)アップ！

お年玉《としだま》をもらったとき

永田《ながた》

お年玉《としだま》をあげる大人《おとな》は、子《こ》どもが喜《よろこ》びまくる反応《はんのう》が見《み》たいんだよね。大人《おとな》はお金《かね》が減《へ》って損《そん》しているようで、100%《パーセント》優位《ゆうい》に立《た》てる気持《きも》ちよさを全身《ぜんしん》で浴《あ》びて得《とく》してる。

原宿《はらじゅく》

そう、だから一番《いちばん》よくない反応《はんのう》は

「っす……（無表情《むひょうじょう》で）」。

加藤《かとう》

「なんだコイツ」ってなるから本当《ほんとう》によくない。

ARuFa《アルファ》

あと「ゲームに課金《かきん》します!」も良《よ》くない気《き》がする。

恐山《おそれざん》

小遣《こづか》いを課金《かきん》に使《つか》われるとあげた気《き》がしないですからね。

原宿《はらじゅく》

大人《おとな》って子《こ》どもが変《へん》に大人《おとな》びた言葉《ことば》使《つか》うと喜《よろこ》ぶよね。

永田《ながた》

中身《なかみ》をチラッと見《み》て「贈与税《ぞうよぜい》とか大丈夫《だいじょうぶ》ですか!?」これでいこう。

加藤《かとう》

「どこで覚《おぼ》えたんだオマエ〜!」って言《い》ってくれるはず。

ARuFa《アルファ》

この本《ほん》で覚《おぼ》えたとか言《い》わないように!

総括《そうかつ》「贈与税《ぞうよぜい》とか大丈夫《だいじょうぶ》ですか!?」

※誰《だれ》かから大金《たいきん》をもらったら発生《はっせい》する税金《ぜいきん》のことだよ

2023年《ねん》コロコロ10月号掲載《がつごうけいさい》

その頃《ころ》、オモコロチャンネルでは…

◀この企画《きかく》のために「る」攻《ぜ》めの手札《てふだ》を万全《ばんぜん》に仕上《しあ》げた電気《でんき》バチ氏《し》がしりとり最強《さいきょう》であることは言《い》うまでもないだろう。

【検証《けんしょう》】しりとりで「る攻《ぜ》め」をされまくった人間《にんげん》は何《なに》を言《い》うのか？

web宿題《ウェブしゅくだい》　今月《こんげつ》のスローガン

「笑《わら》うなら笑《わら》え、笑《わら》わないなら笑《わら》うな」

埼玉県／神風船

「不可能《ふかのう》のじつざい」

東京都／雷竜王

「ち○こをもんで手《て》をあらおー！」

京都府／春

今回《こんかい》も魂《たましい》のこもった力作《りきさく》ぞろいで迷《まよ》ってしまいますね……校長《こうちょう》！優秀賞《ゆうしゅうしょう》はどれにしましょうか？

今月《こんげつ》の優秀《ゆうしゅう》スローガン

優秀賞《ゆうしゅうしょう》

「面白《おもしろ》い超《こ》えて悲《かな》しい」

宮城県／お拓

何事《なにごと》も限度《げんど》を超《こ》えると思《おも》いもよらないことが起《お》きる。だが、あえてそこを目指《めざ》してみるのもまた一興《いっきょう》。悲《かな》しいくらい面白《おもしろ》く、面白《おもしろ》いくらい悲《かな》しい、そんな人生《じんせい》を生《い》きようぜ!!!

恐山先生《おそれざんせんせい》の授業《じゅぎょう》からスタート！

オ

@オモボイス

「先生《せんせい》あのね」どこいった？

10歳　男性

お題《だい》28

「【なつやすみ】をいれた五《ご》・七《しち》・五《ご》の俳句《はいく》をおもしろく作《つく》りなさい」

嘘《うそ》でもOK《オーケー》！
風流《ふうりゅう》で雅《みやび》な俳句《はいく》で
夏休《なつやす》みを
表現《ひょうげん》しましょう！

優秀《ゆうしゅう》賞《しょう》

①こくご
なつやすみ
せみのぬけがら
ひきちぎる

▶(恐)ど、どうしてそんなことを……怖《こわ》い……。まあ、せみをひきちぎるよりはマシか！

大阪府／H.N

優秀《ゆうしゅう》賞《しょう》

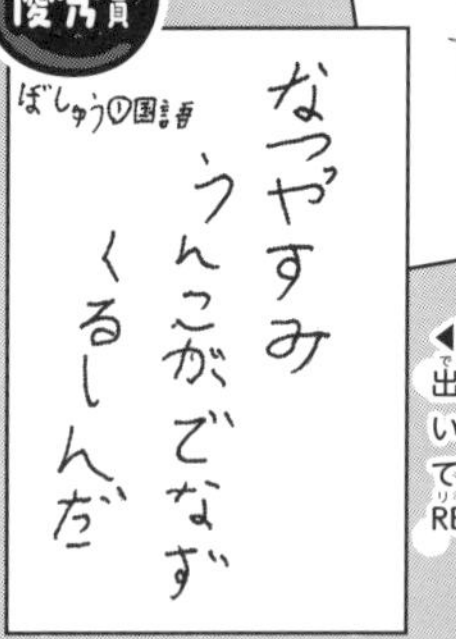

ぼしゅう①国語
なつやすみ
うんこがでなず
くるしんだ

◀(恐)「でなず」に、出《で》ない苦《くる》しみがめいっぱい表現《ひょうげん》されている！　これがREAL《リアル》の言葉《ことば》だ！

愛知県／ケン

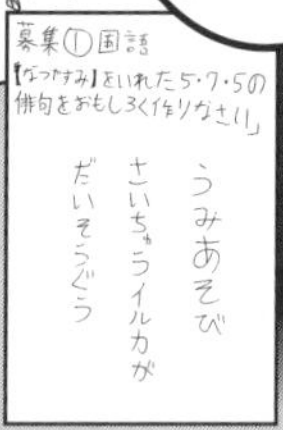

募集①国語
【なつやすみ】をいれた5・7・5の俳句をおもしろく作りなさい」
うみあそび
さいちゅうイルカが

福岡県／O.R

▲(恐)イルカってわざと腹《はら》を本気《ほんき》でどついてきたりするから気《き》をつけろ！

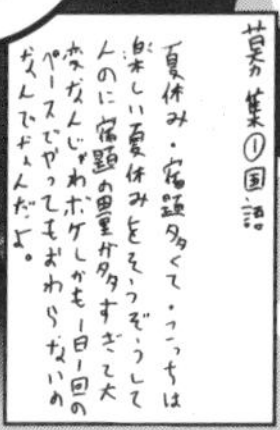

募集①国語
夏休み・宿題多くて・こっちは
楽しい夏休みをそうぞうして
んのに宿題の量が多すぎて大
変なんじゃわボケしかも一日一回の
ペースでやってもおわらないの
なんでなんだよ。

北海道／F

▲(恐)本当《ほんとう》の気持《きも》ちって17文字《もじ》には収《おさ》まらないですよね…。

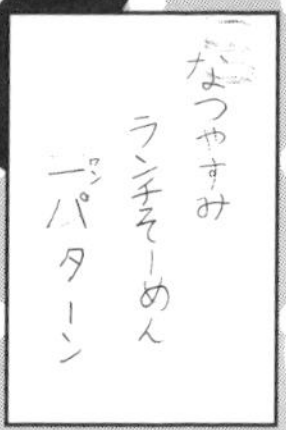

なつやすみ
ランチそーめん
一《ワン》パターン

山形県／光速のひっか

▲(恐)担々麺味《たんたんめんあじ》にアレンジするとけっこう美味《おい》しいぞ！

次《つぎ》のお題《だい》はUFO《ユーフォー》！

お題《だい》29

「UFO《ユーフォー》が吸《す》いこんでいるものは何《なん》でしょう。おもしろく答《こた》えなさい」

募集③図工

▶(原)二刀流《にとうりゅう》コーマの最期《さいご》、無惨《むざん》すぎ！

愛知県／春巻きさん

募集③図工

▶(原)You《ユー》は何《なに》しに日本《にっぽん》へ!?

埼玉県／アンタリウス

募集③図工
ほこりを
すいこんでる

▶(原)どうせなら粗大《そだい》ごみとか片付《かたづ》けてよ。

石川県／N

優秀《ゆうしゅう》賞《しょう》

トイレ三つ

▶(原)「家族《かぞく》の分《ぶん》も」じゃないんだよ。

神奈川県／I.A

優秀《ゆうしゅう》賞《しょう》

=米(白米)
板チョコ弁当

▶(原)板《いた》チョコ弁当《べんとう》!?　ふざけた星《ほし》の住人《じゅうにん》と思《おも》われてしまう。

埼玉県／神風船

?
最近《さいきん》のUFO《ユーフォー》って牛《うし》吸《す》い込《こ》まなくなったよね。代《か》わりに何《なに》吸《す》う!?

お次《つぎ》は名言《めいげん》！

お題《だい》30「この偉人《いじん》っぽい人《ひと》の残《のこ》した名言《めいげん》を文字《もじ》で面白《おもしろ》く答《こた》えなさい」

島根県／わっちぃー

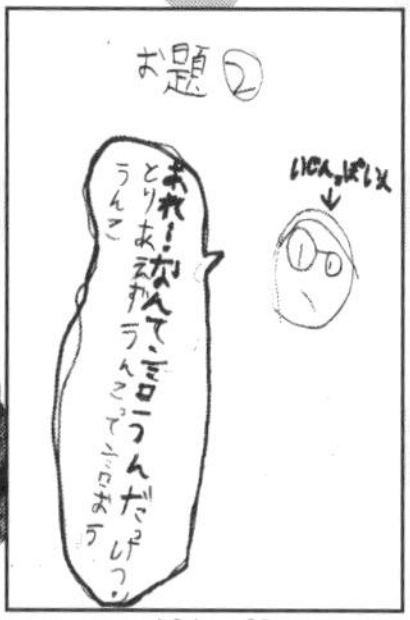

▲加なんで歴史《れきし》に残《のこ》ったんだ。こういうこと初《はじ》めて言《い》った人《ひと》？ こいつが始祖《しそ》？

島根県／H.N

◀加カレーより先《さき》がカルボナーラなことある!? あと、飲《の》み物《もの》じゃなさすぎない!?

静岡県／U.Z

▶加これは本当《ほんとう》にそういう顔《かお》になることあるな…。行きたいよね…。はしゃぎたい。

青森県／おこっちん

▲加どうしちゃった？後半笑《こうはんわら》ってない？自分《じぶん》の口臭《くちくさ》すぎた？

京都府／O.H

石川県／たつや

▶加言《い》う前《まえ》じゃねぇか！この後《あと》、ちゃんと偉人《いじん》っぽいこと言《い》ったんだろ!?

▲加確《たし》かに偉人《いじん》っぽくは言《い》ってるな…。全然偉大《ぜんぜんいだい》じゃないけど、一瞬《いっしゅん》ごまかされそうだぜ。

優秀賞《ゆうしゅうしょう》

岡山県／せっちゃん

▲加どれもダメ！ いい子《こ》はイノシシと対峙《たいじ》するんじゃないぞ！

今月《こんげつ》の最優秀賞発表《さいゆうしゅうしょうはっぴょう》！

今月《こんげつ》の最優秀《さいゆうしゅう》賞《しょう》

オモコロ教授陣《きょうじゅじん》が全員《ぜんいん》笑《わら》い転《ころ》げた文字《もじ》を書《か》いたH君《くん》にはソフト「星《ほし》のカービィ Wii《ウィー》 デラックス」とオモコロ特製下敷《とくせいしたじ》きをプレゼント!! これからも新《あたら》しい発見《はっけん》を探《さが》してね。

ストローはそうつかうのか

大阪府《おおさかふ》／H・S

ストローでジュース飲《の》む人《ひと》を見《み》てこんな真剣《しんけん》な顔《かお》してたとは！たった一言《ひとこと》でこいつのバカさ加減《かげん》が浮《う》き彫《ぼ》りになる見事《みごと》な回答《かいとう》だ！

Web《ウェブ》宿題《しゅくだい》

お題《だい》31 うまくいかないことを「二階《にかい》から目薬《めぐすり》」といいますが、もっとうまくいかないことを何《なん》というでしょう

優秀《ゆうしゅう》賞《しょう》 **ゴマ粒《つぶ》でQR《キューアール》コード** 兵庫県／しゅー。

HIKAKIN《ヒカキン》に会《あ》う 福岡県／一般人　**釜《かま》のしらす** 東京都／たいが

肛門《こうもん》をしめながらオナラ 千葉県／イカマグロ

お題《だい》32 宿題《しゅくだい》をやらなかったときの天才的《てんさいてき》な言《い》い訳《わけ》を教《おし》えてください

優秀《ゆうしゅう》賞《しょう》 **姉《あね》が火《ひ》のじゅもんを使《つか》えるようになったので、ノートが丸焦《まるこ》げになってしまいました。** 東京都／Pちゃん

旅行《りょこう》で、できませんでした。 神奈川県／マルマイン　**はぇ～？** 岡山県／おれんじ

ほら主人公《しゅじんこう》ってピンチになるとパワーアップとかするじゃん？ 宮城県／チモチモ

^_^おならしてわすれましだんご。 岡山県／レンコン

今月《こんげつ》の宿題《しゅくだい》

お題《だい》は全部《ぜんぶ》で3つ! 爆笑回答《ばくしょうかいとう》を投稿《とうこう》しよう!!

今月《こんげつ》の募集《ぼしゅう》は社会《しゃかい》、国語《こくご》、図工《ずこう》! 文字《もじ》でも絵《え》でもキミの得意《とくい》な分野《ぶんや》でみんなを笑《わら》わせよう!!

募集《ぼしゅう》 図工《ずこう》

?

▲「?」に入《はい》るイラストだけ描《か》いて送《おく》ってね!

「サンタクロースが置《お》いていったプレゼントを面白《おもしろ》くイラストで描《か》きなさい」

アホなサンタは一体何《いったいなに》を置《お》いていくんだろう…。

募集《ぼしゅう》 社会《しゃかい》

?

「民衆《みんしゅう》を怒《おこ》らせた貴族《きぞく》のひとことを面白《おもしろ》く文字《もじ》で書《か》きなさい」

傲慢《ごうまん》な貴族《きぞく》が言《い》いそうなオモシロ回答《かいとう》待《ま》ってるぜ!

募集《ぼしゅう》 国語《こくご》

?

「【泣《な》きっ面《つら》に○○】空欄《くうらん》を埋《う》めて、ことわざを面白《おもしろ》く完成《かんせい》させなさい」

世《よ》の中《なか》、ハチよりイヤなこともある! それは何《なに》?

コロコロ編集部《へんしゅうぶ》だより

この頃《ころ》から、1人《ひとり》で複数採用《ふくすうさいよう》されるハガキ職人的《しょくにんてき》な読者《どくしゃ》が生《う》まれ始《はじ》める。オモコロ教育《きょういく》が浸透《しんとう》してきた結果《けっか》…!?

オ @オモボイス

Web宿題《ウェブしゅくだい》の回答《かいとう》を見《み》るのが面白《おもしろ》いです! 色々学《いろいろまな》べます!(w

11歳 女性

オ @オモボイス

いつも予測《よそく》不可能《ふかのう》な結果《けっか》をありがとう。

10歳 男性

2023年《ねん》コロコロ11月号掲載《がつごうけいさい》

その頃《ころ》、オモコロチャンネルでは…

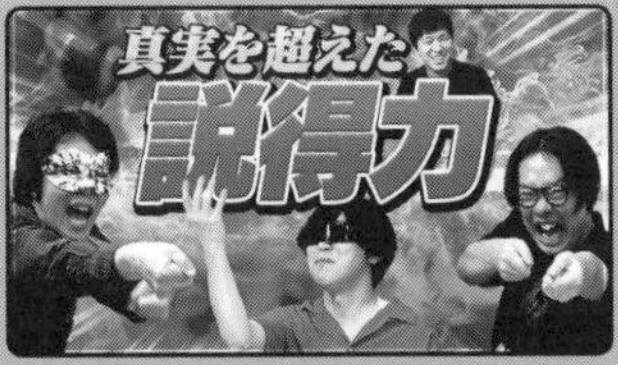

◀正《ただ》しいことが“すべて”ではない。ない話《はなし》にあの手《て》この手《て》で説得力《せっとくりょく》を持《も》たせるのはオモコロの十八番《おはこ》。誰《だれ》が1番《ばん》それっぽい？

正解《せいかい》より正解《せいかい》っぽいことを言《い》えば勝《か》てるクイズ【説得力《せっとくりょく》クイズ2】

web宿題《ウェブしゅくだい》　今月《こんげつ》のスローガン

「おじさんとおばさん トントンずもう」

新潟県／レックス

「兄《あに》がバカになった」

長野県／ほか

「カニうどん食《た》べまくる」

広島県／譚々麺（如月ンー太）

今月《こんげつ》も力作《りきさく》ぞろい！　スローガンって「団体《だんたい》の目的《もくてき》などをわかりやすく表《あらわ》したもの」らしいけど、むしろ毎回《まいかい》わかりづらくなってない!?　どうなの!?　ねぇ校長《こうちょう》!?　どうなのさ!?

今月《こんげつ》の優秀《ゆうしゅう》スローガン

優秀賞《ゆうしゅうしょう》

「プリン ビームを発射《はっしゃ》で ござんす」

東京都／プリン社長

全部《ぜんぶ》の言葉《ことば》がバカで最高《さいこう》!!　いざとなったらプリンビームを撃《う》つその気持《きも》ちでいたら、人生何《じんせいなに》があってもへっちゃらだよな！

◀最初《さいしょ》のお題《だい》は加藤先生《かとうせんせい》から！

オ
@オモボイス

永田校長《ながたこうちょう》の額《ひたい》に結《むす》んであるものに書《か》いてある文字《もじ》ってなんて読《よ》むんですか？

10歳　男性

お題《だい》33

「まったく売《う》れなかった電子《でんし》レンジ。どんな音《おと》が鳴《な》る？」①

大阪府／H.K

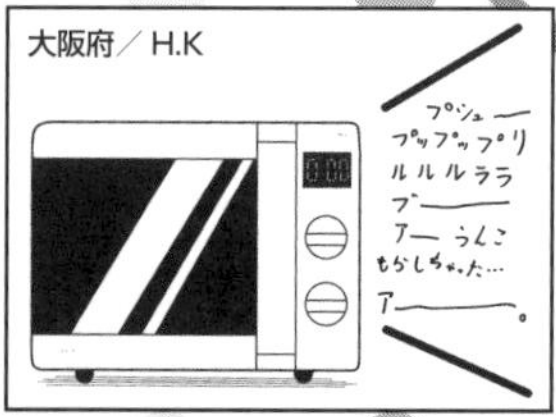

▶加 うんちじゃねぇか！ 漏《も》らした悲《かな》しさが伝《つた》わってくる…。

福島県／I.M

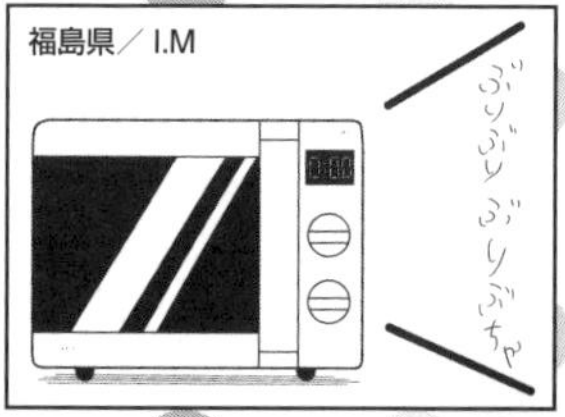

▶加 うんちじゃねぇかって！「ちゃ」のキレのよさが目《め》を引《ひ》いたね。

優秀賞《ゆうしゅうしょう》

愛知県／N.M

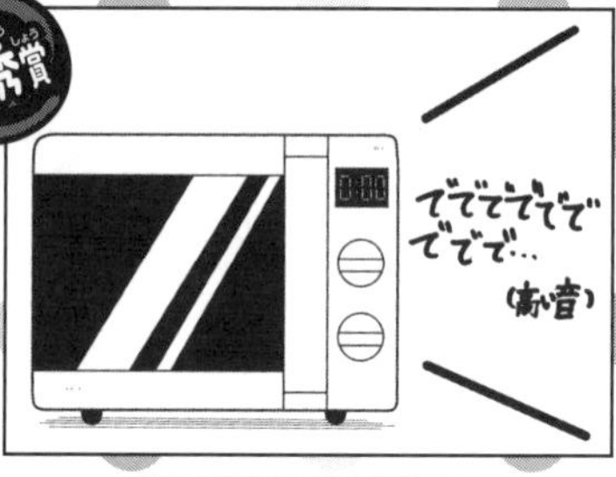

▶加「ででで…」って普《ふ》通《つう》低《ひく》い音《おと》じゃない？ 高《たか》いことある？

愛知県／K.N

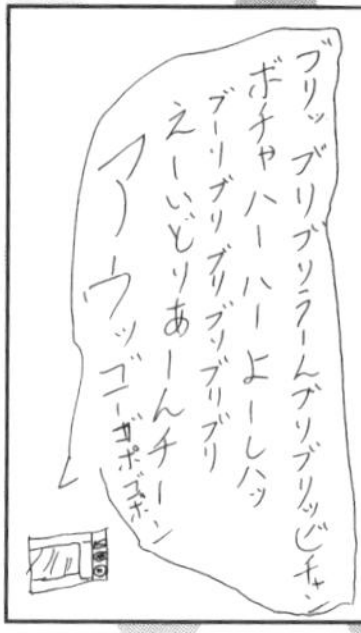

▲加 うんちばっかかよって！ 何《なに》があったの!?

兵庫県／H.K

▲加 何《なに》を温《あたた》めてしまったんだ…!?

北海道／I.Y

▲加 うんち…じゃない!?真実《しんじつ》は謎《なぞ》…。

今月《こんげつ》の最優秀賞《さいゆうしゅうしょう》

神奈川県／A.K

オモコロ教授陣《きょうじゅじん》が全員笑《ぜんいんわら》い転《ころ》げた回答《かいとう》を書《か》いたA君《くん》にはソフト「星《ほし》のカービィ Wii《ウィー》 デラックス」とオモコロ特製下敷《とくせいしたじ》きをプレゼント!! これからも新《あたら》しい発見《はっけん》を探《さが》してね。

次《つぎ》の授業《じゅぎょう》は「ひよこ」と「髪型《かみがた》」！

お題《だい》34 「ひよこの成長《せいちょう》の途中《とちゅう》を面白《おもしろ》おかしくイラストで描《か》きなさい」①

愛知県／名前と生まれた県名の漢字が同じ人

▶原一回飛《いっかいと》べる気《き》がした!? ナイス挑戦《ちょうせん》！

からあげ

石川県／運休中

▶原歴史《れきし》に残《のこ》る大逆転勝利《だいぎゃくてんしょうり》だな！

滋賀県／レインボーマグロパーティー

▲原一瞬《いっしゅん》、悪《あく》の道《みち》に？

愛知県／春巻きさん

ピヨピヨ

▲原生首《なまくび》を経由《けいゆ》すな。

兵庫県／ S.R

▲原ヒト側《がわ》に来《こ》ようとすな。

優秀賞《ゆうしゅうしょう》

東京都／ COLO

歩く度に首が前後している人

ジジイから戻《もど》ってきてくれて良《よ》かったー!!

?

お題《だい》35 「ツルッツルな永田《ながた》校長《こうちょう》の髪型《かみがた》をおバカに描《か》きなさい」①

和歌山県／リンリン

▲Ⓐハゲな上《うえ》に燃《も》やされてるのかわいそうすぎ!!　でも燃《も》えてる校長《こうちょう》も最高《さいこう》！

東京都／K.K

上
かみはどこにかいてもいいですよね。
耳げ
(12326さい)
下

▲Ⓐ上下《じょうげ》を変《か》えて送《おく》ってきたやつもいたぞ！自由《じゆう》な発想最高《はっそうさいこう》！　頭頂部《とうちょうぶ》と首《くび》が接続《せつぞく》してるのヤバすぎる！　でも最高《さいこう》！

伸ばしたハナ毛を丸めて
ポン！。

東京都／COLO

▶▼Ⓐ鼻毛《はなげ》を使《つか》ったり、髪形《かみがた》を犬《いぬ》にするアイデアも！

広島県／M・H

頭《とう》犬《けん》オヤツ

基本的《きほんてき》に毛量《もうりょう》の少《すく》ないハガキばっかりだったぞ！

←優秀賞《ゆうしゅうしょう》は衝撃《しょうげき》のヘアスタイルに！

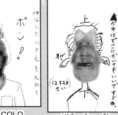

Web宿題《ウェブしゅくだい》

お題《だい》36　「めちゃバカ村《むら》」の名物《めいぶつ》を教《おし》えてください①

優秀賞　**焦《こ》げたゼリー**　神奈川県／アンダーザシー

ウンコパイZ《ゼット》　神奈川県／生ダンス　**パックご飯《はん》**　静岡県／ピクミン　**1ピースのパズル**　東京都／58歳(仮)

お題《だい》37　新薬《しんやく》「モパポールZ《ゼット》」の驚《おどろ》きの効能《こうのう》とは？①

優秀賞　**モパポールZ《ゼット》を飲《の》んだことを忘《わす》れる**　島根県／ブラッキー

名前《なまえ》が、メロンになる　福岡県／やなこったパンナコッタ
胃酸《いさん》がなくなる　東京都／ぴちぴちコーラ　**足《あし》が小《ちい》さくなる**　千葉県／コウト
青春《せいしゅん》を取《と》り戻《もど》せる　千葉県／吉宗

今月《こんげつ》の宿題《しゅくだい》

今回《こんかい》は特別《とくべつ》にビッグなお題《だい》が1つ！

今月《こんげつ》の募集《ぼしゅう》はスペシャル版《ばん》！　2023年《ねん》はうさぎ年《どし》、じゃあ来年《らいねん》からどうするよ？

募集《ぼしゅう》 図工《ずこう》

「干支《えと》のメンバーを総入《そうい》れ替《か》えします。新《あたら》しいメンバーをイラストでひとつ描《か》きなさい。」

解散《かいさん》!!

☆干支《えと》がよくわからなかったら、おうちの人《ひと》に聞《き》いてみよう！

克己心
ウシとかトラにもそろそろ飽《あ》きてきたぜ！
前《ぜん》メンバーに負《ま》けないような実力派《じつりょくは》を期待《きたい》していますよ！
ハガキ1枚《まい》に1体《たい》ずつ描《か》いてくれよな！
みんなの力《ちから》を結集《けっしゅう》して新《あたら》しい十二支《じゅうにし》を作《つく》ろうな！
イラストの横《よこ》に描《か》いたものの名前《なまえ》があるとわかりやすいぜ！

コロコロ編集部《へんしゅうぶ》だより

今回《こんかい》のお題《だい》は1発勝負《ぱつしょうぶ》のスペシャル回《かい》ということにしましたが、ハガキはどれだけくるのか!?　結果《けっか》は81P《ページ》。

オ @オモボイス

便所《べんじょ》をテーマにしてほしい。

8歳　男性

オ @オモボイス

バカな回答《かいとう》がたくさんあるのがおもしろいです。

9歳　男性

ダ・ヴィンチ・恐山先生《おそれざんせんせい》の

大喜利講座《おおぎりこうざ》 #3 いろんな角度《かくど》でお題《だい》をなめまわせ！

予想《よそう》を裏切《うらぎ》って発想《はっそう》を飛《と》ばすのが大事《だいじ》……そう考《かんが》えて、「こんな給食《きゅうしょく》はイヤだ！」のボケを考《かんが》えてみた。

●ウンコ丼《どん》からドラゴンが出《で》て先生《せんせい》の鼻《はな》の穴《あな》に入《はい》る。

……確《たし》かに予想外《よそうがい》で発想《はっそう》は飛《と》んでるけど、やりすぎると「笑《わら》えない意味不明《いみふめい》」になってしまう。

そこで役立《やくだ》つのが**「お題《だい》を別《べつ》の角度《かくど》から見《み》る」**という考《かんが》え方《かた》だ。お題《だい》からいろんな連想《れんそう》をして、その中《なか》であまり言《こと》葉《ば》にされていない要素《ようそ》を見《み》つけ、ボケにつなげるのだ。

「給食《きゅうしょく》」をテーマに考《かんが》えてみると、いろんなイメージが浮《う》かんでくる。「混《ま》ぜご飯《はん》が人気《にんき》だな」「早食《はやぐ》いするヤツがいる」「給食係《きゅうしょくがかり》って面倒《めんどう》くさい」など、思《おも》いつくことをノートにたくさん書《か》き出《だ》そう。重要《じゅうよう》なのは、**みんなが知《し》っているけど、あんまり深《ふか》く考《かんが》えたことがない部分《ぶぶん》まで到達《とうたつ》すること**だ。「こんな給《きゅう》食《しょく》はイヤだ！」に対《たい》してウンコ方《ほう》向《こう》で考《かんが》えるとして、こんなボケはどうだろう？

●先生《せんせい》だけウンコを多《おお》めによそっている。

先生《せんせい》は大人《おとな》だから給食《きゅうしょく》の量《りょう》が多《おお》い。そんな発見《はっけん》をウンコと結《むす》びつけてみた。給食《きゅうしょく》がウンコになっている変《へん》すぎる世界《せかい》なのに、その様子《ようす》が頭《あたま》に浮《う》かぶ。メチャクチャにするだけじゃなく、みんな見《み》たことのあるものに結《むす》びついていると**「予想《よそう》を裏切《うらぎ》りながらもお題《だい》にピッタリ」**な答《こた》えを作《つく》ることができるのだ。

2023年《ねん》コロコロ12月号掲載《がつごうけいさい》

ポケカ
BEY BLADE X
フェニックスウイング
月刊
700円

その頃《ころ》、オモコロチャンネルでは…

敗者は
喰われる
アイスバトル

◀コミカライズ待《ま》ったなし!? 観《み》た者《もの》は皆《みんな》、気《き》づけばアイスを心《こころ》から応援《おうえん》して勝負《しょうぶ》の行方《ゆくえ》を見守《みまも》っていることだろう。

決《き》めようぜ……一番強《いちばんつよ》いアイスを……

web宿題《ウェブしゅくだい》 今月《こんげつ》のスローガン

「一《いっ》か月《げつ》365日《にち》」

栃木県／最強くん

「1日《にち》に1人《ひとり》いなくなる」

兵庫県／ただのねこ

**「牛《うし》はほかの
えさを横取《よこど》りする」**

高知県／つちのこ

もしかしたらそうなのかもね? 他人《たにん》が決《き》めた時間割《じかんわり》に従《したが》う必要《ひつよう》はないのかもね? 自分《じぶん》が365日《にち》あると思《おも》えば、一《いっ》か月《げつ》は365日《にち》なのかもしれないよね!? どお!?

今月《こんげつ》の優秀《ゆうしゅう》スローガン

**「バナナを
消化器《しょうかき》が
うまくする」**

優秀賞《ゆうしゅうしょう》

東京都／マイ〇キー

消化器《しょうかき》がバナナをうまくするじゃなくて!? いや、それでも意味《いみ》わからんけど、とにかく癖《くせ》になる語順《ごじゅん》だぜ! しばらくはバナナを見《み》る度《たび》に思《おも》い出《だ》しちゃうかもな!

◀**最初《さいしょ》は原宿先生《はらじゅくせんせい》のお題《だい》から!**

オ
@オモボイス

何《なん》で面白《おもしろ》いお題《だい》を出《だ》しているんですか?

9歳 男性

お題《だい》38

「ひよこの成長《せいちょう》の途中《とちゅう》を面白《おもしろ》おかしくイラストで描《か》きなさい」②

そう言《い》えば、ひよこがニワトリになる瞬間《しゅんかん》って見《み》たことないよね。ここまではひよこ、ここからはニワトリって、「今《いま》ここ！」ってタイミングで決《き》まるものなのかな？ ひよことニワトリのちょうど中間《ちゅうかん》の姿《すがた》は、なんて呼《よ》んだらいいんだろうか？ なんかいっぱい文字数《もじすう》書《か》ける場所《ばしょ》があったから、先生《せんせい》変《へん》なことを考《かんが》えちゃったみたいだ。発表《はっぴょう》いくね？

神奈川県／I,A

☆2枚同時採用《まいどうじさいよう》おめでとう！

▲原 静《せい》の後《あと》のニワトリ、動《どう》の後《あと》のニワトリ。結局《けっきょく》どうあってもひよこはニワトリになるのかもしれないね。

東京都／まつぼっくり社長

▶原 絵《え》の巧《うま》さにびっくりして選《えら》んでしまいました。

優秀賞《ゆうしゅうしょう》 大阪府／T.H

▲原 一回《いっかい》、デカめの爆発《ばくはつ》を起《お》こそうとした？
ニワトリになってくれてよかった！

大阪府／H.N

◀原「こけこっこじぇんがって何《なに》？」と思《おも》って検索《けんさく》までしちゃったよ。で、何《なに》？

◀「電子《でんし》レンジ」と「髪型《かみがた》」のお題再《だいふたた》び！

お題《だい》39

「まったく売《う》れなかった電子《でんし》レンジ。どんな音《おと》が鳴《な》る?」②

▲加うぜー!!　小言《こごと》を言《い》わずにあっためててくれー!!

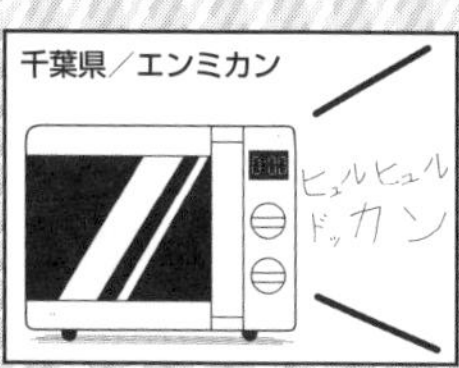

▲加何《なに》が落《お》ちた!?　怖《こわ》すぎるだろ!!

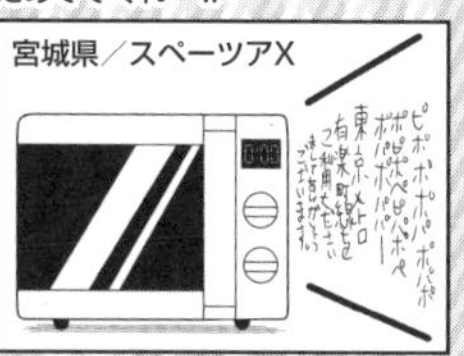

▲加鉄道好《てつどうず》きには売《う》れそうだけど。

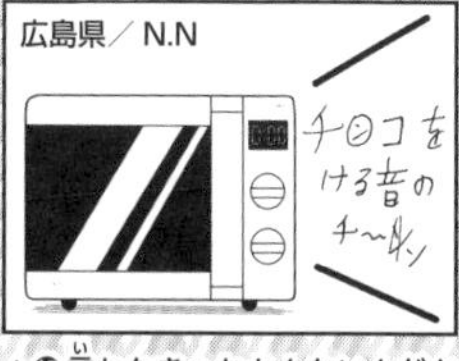

▲加言《い》わなきゃわかんないんだから、わざわざ言《い》うなよ！

▲加うんこ箱《ばこ》!?　手紙《てがみ》!?　温《あたた》める表現《ひょうげん》が独特《どくとく》すぎるぜ…！

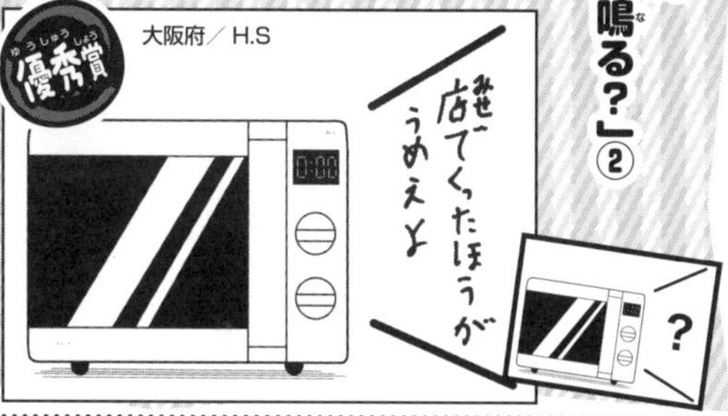

▶加正直《しょうじき》すぎることは、時《とき》に仇《あだ》となるぞ！

お題《だい》40

「ツルッツルな永田《ながた》校長《こうちょう》の髪型《かみがた》をおバカに描《か》きなさい」②

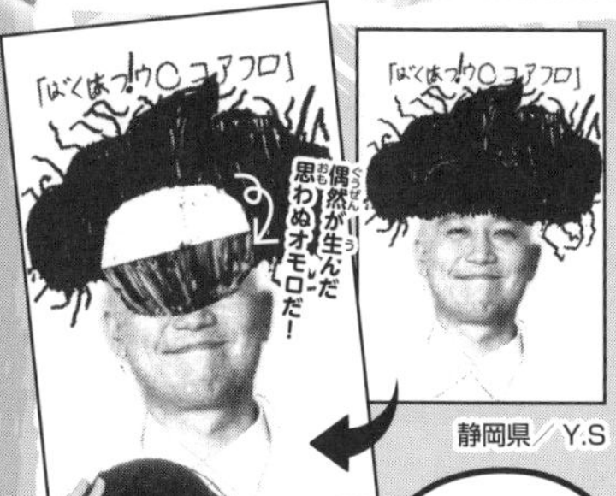

静岡県／Y.S

▲Ⓐ校長《こうちょう》におもらしさせた上《うえ》に、肝心《かんじん》の髪型《かみがた》はまったく変《か》えないというその強《つよ》い気持《きも》ちに感動《かんどう》した!!

▲Ⓐいやもう髪《かみ》型《がた》どころの騒《さわ》ぎじゃないだろ!!

岐阜県／ひっとん

▶Ⓐ確《たし》かに校長《こうちょう》のツルツル頭《あたま》はアイスに似《に》てるな！　今度直接《こんどちょくせつ》ナメてみるぜ！

大阪府／H.N
ちきゅうのうえにおすしのかみがた
マジで全然意味《ぜんぜんいみ》わかんないけど見《み》れば見《み》るほど段々面白《だんだんおもしろ》くなってきて最高《さいこう》！
これがキミの望《のぞ》んだ未来《みらい》なのかい!? キミの描《えが》いた理想《りそう》なのかい!? 最高《さいこう》だぜ!! 持《も》ってけ最優秀賞《さいゆうしゅうしょう》!!
今月《こんげつ》の最優秀賞《さいゆうしゅうしょう》

とんでもない髪型《かみがた》を考《かんが》えたHさんにはソフト「星《ほし》のカービィ Wii《ウィー》 デラックス」とオモコロ特製下敷《とくせいしたじ》きをプレゼント！ 最《さい》優秀賞《ゆうしゅうしょう》とりまくりですごすぎる!!

Web《ウェブ》宿題《しゅくだい》

お題《だい》41 「めちゃバカ村《むら》」の名物《めいぶつ》を教《おし》えてください❷

優秀賞《ゆうしゅうしょう》 **こ・の・わ・た・し・だ** 宮城県／8×3＝5

ニラトロ 東京都／ウルトラマン **土地《とち》** 神奈川県／カービィ大好き **ほこりまみれのねり飴《あめ》** 宮城県／ぷかり

お題《だい》42 新薬《しんやく》「モパポールZ《ゼット》」の驚《おどろ》きの効能《こうのう》とは？❷

優秀賞《ゆうしゅうしょう》 **ちょうちょむすびができるようになる** 京都府／マンボー君

世界中《せかいじゅう》の人《ひと》のチンコが3秒消《びょうき》える！ 京都府／春の桜

サメが出《で》てきて食《く》われる 長野県／ねこ

今月《こんげつ》の宿題《しゅくだい》

お題《だい》は全部《ぜんぶ》で3つ！ 爆笑回答《ばくしょうかいとう》を投稿《とうこう》しよう!!

今月《こんげつ》の募集《ぼしゅう》は図工《ずこう》、国語《こくご》、社会《しゃかい》。文字《もじ》でも絵《え》でもキミの得意《とくい》な分野《ぶんや》でみんなを爆笑《ばくしょう》させよう!!

募集《ぼしゅう》 図工《ずこう》

「豆《まめ》を投《な》げるよりも鬼《おに》が嫌《いや》がることを絵《え》で描《か》きなさい」

驚《おどろ》きの方法《ほうほう》で鬼《おに》を退治《たいじ》しよう！

募集《ぼしゅう》 国語《こくご》

「アホアホ小学校《しょうがっこう》の校長《こうちょう》が卒業生《そつぎょうせい》に言《い》った一言《ひとこと》を文字《もじ》で書《か》きなさい」

一生《いっしょう》の思《おも》い出《で》になる一言《ひとこと》！

募集《ぼしゅう》 社会《しゃかい》

「ネコがこたつで丸《まる》くなっているとき、加藤《かとう》は何《なに》をしているかを絵《え》で描《えが》きなさい」

▶自分《じぶん》で加藤先生《かとうせんせい》の絵《え》を描《か》いても、この写真《しゃしん》をコピーして貼《は》ってもいいよ！

寒《さむ》い日《ひ》は、コタツでぬくぬくもいいけれど…？

コロコロ編集部《へんしゅうぶ》だより

編集部《へんしゅうぶ》の事情《じじょう》で前回《ぜんかい》と今回《こんかい》で同《おな》じお題《だい》を2号連続《ごうれんぞく》でするのはなかなか大変《たいへん》でした…。オモコロ教職員《きょうしょくいん》に感謝《かんしゃ》！

@オモボイス

めっちゃ面白《おもしろ》いです！　私《わたし》は女子《じょし》だけどガハハって笑《わら》ってます！　採用《さいよう》よろしくなのダ・ヴィンチ・恐山《おそれざん》！（しょーもないギャグすいませんでした!）

10歳　女性

@オモボイス

マリオRPG《アールピージー》が欲《ほ》しいです。

36歳　男性

人物紹介《じんぶつしょうかい》

校長《こうちょう》 永田《ナガタ》

オモコロ放課後《ほうかご》クラブの熱血校長《ねっけつこうちょう》!!
大声《おおごえ》で生徒《せいと》たちを威嚇《いかく》するぞ！

つけているハチマキは絹《きぬ》さやの繊《せん》維《い》を編《あ》んで作《つく》った特別製《とくべつせい》だ！「克己《こっき》心《しん》」の文字《もじ》は勝手《かって》に浮《う》かんできたらしい(怨霊《おんりょう》の祟《たた》り)。

「ビー玉《だま》を最初《さいしょ》に作《つく》ったのは自《じ》分《ぶん》」と言《い》い張《は》っている。それに異論《いろん》を唱《とな》えるとすぐ裁判沙汰《さいばんざた》になるので注意《ちゅうい》が必要《ひつよう》だ！

校長《こうちょう》とは名《な》ばかりで、本職《ほんしょく》はフラメンコ教室《きょうしつ》のアシスタント。

大声《おおごえ》を出《だ》すのが得意《とくい》だぞ！ただし永田《ながた》の大声《おおごえ》は樹木《じゅもく》の成長《せいちょう》に悪影響《あくえいきょう》を及《およ》ぼすので、地元《じもと》のラベンダー農園《のうえん》を全《すべ》て出禁《できん》になっているようだ。

実《じつ》は非常《ひじょう》に謙虚《けんきょ》な性格《せいかく》。「シャチに比《くら》べたら自分《じぶん》なんてまだまだ」が口癖《くちぐせ》で、いつでもシャチのために上座《かみざ》を空《あ》けているぞ！

特別《とくべつ》まんが「永田先生《ながたせんせい》の災難《さいなん》」

作《さく》／ぺろり

これで頭《あたま》冷《ひ》やしてください。
シュウゥ〜
アイスで消火《しょうか》!?
アイスはコーン派。
ガーン
急《きゅう》に冷《ひ》やしたせいで髪《かみ》の毛《け》抜《ぬ》けおちたじゃねーか!!
かがみ
そんな事《こと》ある?
こんなハプニング、昔《むかし》おもらしして怒《おこ》られた時《とき》以来《いらい》だぜ。
生《い》きてて他《ほか》にもっとなかった?
つる〜ん
ねぇママおもらし!!!
めだま
いそがしいときにいうな!!!
まあまあヘアアレンジしほうだいってことじゃん?
これを機《き》にイメチェンなどいかがです?

③図工
山盛りのうめぼし
全部うめぼし
頭《とう》犬《けん》オヤジ
おだい3
パイナップル。
おいしいよ
……
毛《け》をくれよ!!
カァン
おもろいのに〜
なら他《ほか》の毛《け》から移植《いしょく》するしかないですよ。
伸ばしたハナ毛を丸めて
ポン!。
くり
くり
原宿先生《はらじゅくせんせい》なんとかしてくれ!!
やれやれここは私《わたし》が…、
キリッ
最《もっと》もキューティクルで最《もっと》もビッグバンでそして最《もっと》もオモロギッシュなやり方《かた》でいかせていただきます。
なに言《い》ってんだこいつ。
オモロギッシュ?!

地《ち》球《きゅう》の上《うえ》におすしの髪《かみ》型《がた》。
スッ
リンゴ
牛タン
ホタテバター
しらすぐかん
ヘイ、おまち。
ちきゅうのうえに
おすしのかみがた
？？？
？？
？？
？？？
★？？？？？

2024年《ねん》コロコロ1月号掲載《がつごうけいさい》

その頃《ころ》、オモコロチャンネルでは…

◀新《しん》オフィスお披露目《ひろめ》回《かい》。ラジオ録音《ろくおん》ブース、キッチン、馴染《なじ》みのある黄色《きいろ》いソファ。充実《じゅうじつ》のオフィスツアーに心《こころ》が躍《おど》る。

これがオモコロの新《しん》オフィスだ!! すんません!!!

web宿題《ウェブしゅくだい》　今月《こんげつ》のスローガン

「生《う》まれてから死《し》ぬまでのスゴロク」
岩手県／ゴマすり人間

「無理《むり》やりメダルとり男《お》」
佐賀県／けすんけｚ

「すれ違《ちが》った人《ひと》のおしりにチョップしよう」
福岡県／かなかな

どんどんレベルアップしていく今月《こんげつ》のスローガン！オレ好《この》みの社会派《しゃかいは》なやつもいっちょ頼《たの》むぜ！

今月《こんげつ》の優秀《ゆうしゅう》スローガン

優秀賞《ゆうしゅうしょう》

「国産《こくさん》にらいため」

長野県／サイドオーダー

スローガンがにらいため!? しかし国産《こくさん》ってのはいいよね！地域《ちいき》で作《つく》ったものを地域《ちいき》で食《た》べる…地産地消《ちさんちしょう》の精神《せいしん》には文句《もんく》なしの優秀賞《ゆうしゅうしょう》だ！

このまま加藤先生《かとうせんせい》の授業《じゅぎょう》からはじまるよ〜！

オ
@オモボイス

面白《おもしろ》いことが書《か》けてスッキリします。
9歳　男性

お題《だい》43

「民衆《みんしゅう》を怒《おこ》らせた貴族《きぞく》のひとことを面白《おもしろ》く文字《もじ》で書《か》きなさい」

◀加おいおい3部屋《へやいじょう》以上なくいと家《いえ》とは呼《よ》べねぇのか!?

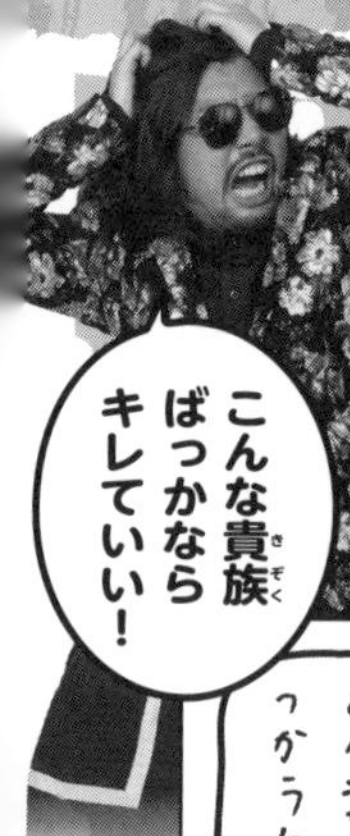

▲加貴族《きぞく》って小銭《こぜに》を見《み》たことないのかもしれないぞ!?

▲加なんでわざわざ英語《えいご》にしてそんなこと聞《き》いてんだ!?

▲加火《ひ》に油《あぶら》をそそぐとはこのこと！　煽《あお》られて怒《おこ》ったほうが負《ま》けじゃねぇ！

▲加例《たと》えツッコミで民衆《みんしゅう》を下《した》に見《み》るなよ！　生活《せいかつ》をエンタメにすなっ！

▲永どゆこと!?　こんなことを鳩《はと》に言《い》ってたらそりゃ民衆《みんしゅう》は怒《おこ》るよな。

今月《こんげつ》の最優秀《さいゆうしゅう》賞《しょう》

ちょっと難《むずか》しい社会《しゃかい》の問題《もんだい》でズバリとオモコロ教授陣《きょうじゅじん》の笑《わら》いをとった、Hさんにはソフト『ピクミン4』とオモコロ特製《とくせい》下敷《したじ》きをプレゼント!!

お次《つぎ》は恐山先生《おそれざんせんせい》とARuFa《アルファ》先生《せんせい》の授業《じゅぎょう》だよ!

お題《だい》44

「【泣《な》きっ面《つら》に○○】空欄《くうらん》を埋《う》めて、ことわざを面白《おもしろ》く完成《かんせい》させなさい」

◀恐 月曜休《げつようやす》みの連休《れんきゅう》と金《きん》曜休《ようやす》みの連休《れんきゅう》は気分違《きぶんちが》いますよね。

優秀賞《ゆうしゅうしょう》

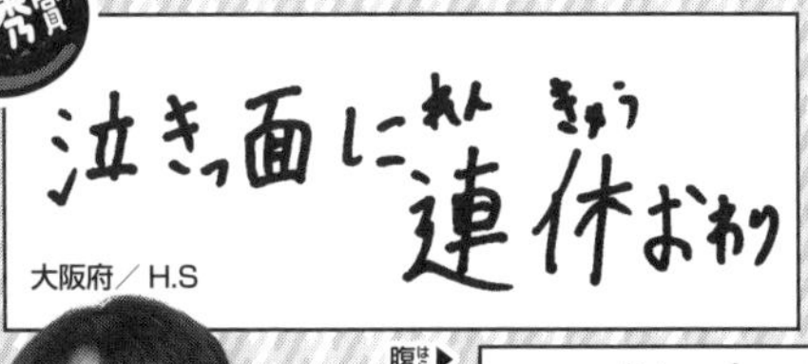
泣きっ面に連《れん》休《きゅう》おわり

大阪府／H.S

想像力《そうぞうりょく》は最悪《さいあく》なことを考《かんが》えると鍛《きた》えられます！
レッツ最悪《さいあく》！

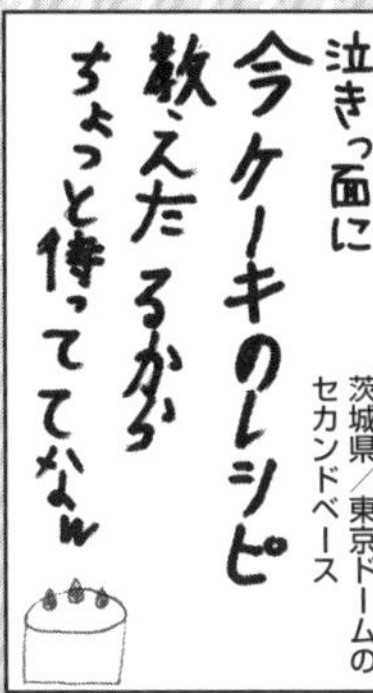
泣きっ面に
今ケーキのレシピ教えたるから
ちょっと待っててなん

茨城県／東京ドームのセカンドベース

▶恐 優《やさ》しいけど「W《ダブル》」がなんか腹立《はらた》つ！

なきっつらにうんち入りのいんせき
（なきっつらにうんち入りのいんせき）

茨城県／えんぴつ

▲恐 博物館《はくぶつかん》に持《も》っていけば飾《かざ》ってもらえるかも!?

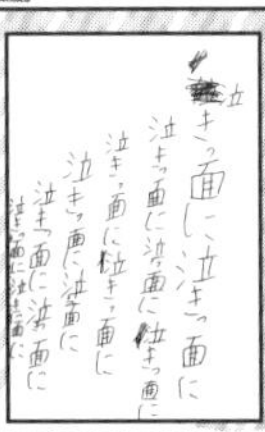
泣きっ面に泣きっ面に
泣きっ面に泣き面に泣きっ面に
泣きっ面に泣きっ面に

岡山県／こーきち?

▶恐 これがあの「泣《な》きっ面《つら》バグ」!? はやく再起動《さいきどう》してください!!

泣きっ面にはげのれい
うらめしや

埼玉県／ラー油

▲恐 言《い》われてみればはげてる幽霊《ゆうれい》って聞《き》いたことないな……。

お題《だい》45

「サンタクロースがおいていったプレゼントを面白《おもしろ》くイラストで描《か》きなさい」

神奈川県／ピクミン

おなら1年分ビン

▲Ⓐすぐに飛《と》び起《お》きて帰《かえ》っていくサンタめがけて投《な》げつけよう！

沖縄県／N.R

▲Ⓐサンタの袋《ふくろ》の中《なか》にこの毛《け》がパンッパンに詰《つ》まってたらどうしよう。そんな恐《おそ》ろしいことを考《かんが》えてしまいました。

愛知県／H.M

サンタさんのたましい

▲Ⓐおい！　魂《たましい》を置《お》いていったサンタはどうやって帰《かえ》ったんだ!?

スイッチがほしい。
ON
OFF

京《きょう》都《と》府《ふ》／N.R

▲Ⓐ起《お》きてこれが置《お》いてあったら泣《な》きながら「OFF《オフ》」にしちゃうだろうなと考《かんが》えてしまいました。

丸こげやきとり一年分

大阪府／S.K

▼Ⓐ丸《まる》こげ焼《や》き鳥《とり》が一年分《いちねんぶん》ってことは、食《く》い終《お》わったと同時《どうじ》に来年《らいねん》のクリスマスが来《く》るってこと!?　地獄《じごく》！

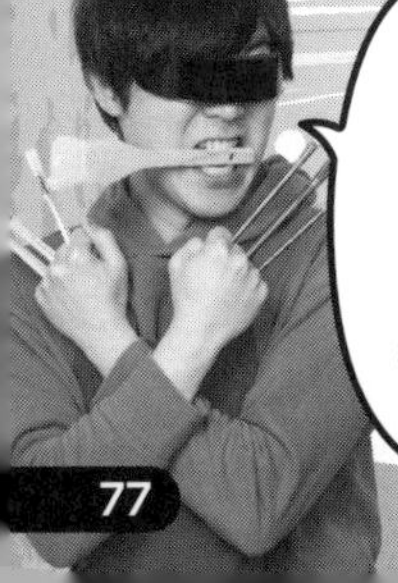
ツッコミどころいっぱいのハガキが届《とど》きまくったぜ！
どうなってんだ！　最高《さいこう》！

図工《ずこう》はまだまだ力作《りきさく》ぞろい！

奈良県《ならけん》／はな

東京都《とうきょうと》／W.A

石川県《いしかわけん》／しょうすけ

▲Ⓐいや、仕事上《しごとじょう》で必要《ひつよう》になる物《もの》を購入《こうにゅう》したときにだけ店舗《てんぽ》からもらえるレシートみたいな紙《かみ》、通称《つうしょう》「領収書《りょうしゅうしょ》」じゃねーか!!

▲Ⓐこれをくれたサンタ、服《ふく》の色《いろ》もめちゃくちゃ青《あお》いんだろうな！

▲Ⓐキミは何《なに》かサンタにうらまれることでもしたのか!?

▼㊌アリがいることで、いらなさが際立《きわだ》ってて最高《さいこう》!!

▼Ⓐもし止《と》められなかったら永遠《えいえん》の眠《ねむ》りについてしまうんかい!!!

大阪府／H.N

神奈川県／I.K

優秀賞《ゆうしゅうしょう》

Web宿題《ウェブしゅくだい》

お題《だい》46 1日《にち》で1億再生《おくさいせい》された動画《どうが》のタイトルは？

優秀賞《ゆうしゅうしょう》 目《め》に足入《あしい》れてみた 北海道／シュウタ

1億回再生《おくかいさいせい》しないと日本《にっぽん》を大《おお》きく4つにわけます!!! 愛知県／カービィ大好きっ子　**ラーメンチャンネル** 愛媛県／たける

スピーカーバーンボボーン 神奈川県／代金　**ちんこを踏《ふ》むんじゃない** 埼玉県／ぐえっほ

お題《だい》47 こんなことを言《い》われながらお年玉《としだま》をもらうのは嫌《いや》だ。なんて言《い》われた？

優秀賞《ゆうしょうしょう》 これで辞書《じしょ》を買《か》いなさい 東京都／バニラくん

はぁー（溜《た》め息《いき》）ちっ（もちろん舌打《したう》ち）おろろろ（ゲボ） 東京都／？？

おじさんの脇《わき》で温《あたた》めておいたぞ 奈良県／ジョリピー　**後《あと》でおしっこかけるから** 福岡県／かなかな

今月《こんげつ》の宿題《しゅくだい》

お題《だい》は全部《ぜんぶ》で2つ！ 爆笑回答《ばくしょうかいとう》を投稿《とうこう》しよう!!

今月《こんげつ》の募集《ぼしゅう》は理科《りか》と総合《そうごう》。文字《もじ》でも絵《え》でもキミの得意《とくい》な分野《ぶんや》でみんなを爆笑《ばくしょう》させよう!!

募集《ぼしゅう》 理科《りか》

「電球《でんきゅう》が光《ひか》っている図面《ずめん》の【?】の部分《ぶぶん》を絵《え》で描《か》きなさい」

電球《でんきゅう》ってどうすりゃ光《ひか》るんだっけ!?

理科担当《りかたんとう》
原宿《はらじゅく》
オモコロ2代目《だいめ》編集長《へんしゅうちょう》にして、バカ化学《かがく》の教授《きょうじゅ》！

?

募集《ぼしゅう》 総合《そうごう》

「ハチャメチャ小学校《しょうがっこう》オリジナルの授業名《じゅぎょうめい》をひとつ描《か》きなさい」

みんなで力《ちから》を合《あ》わせて最強《さいきょう》の時間割《じかんわり》を作《つく》ろう！
出席簿

	月	火	水	木	金	土
1	?	?	?	?	?	?
2	?	?	?	?	?	?
3	?	?	?	?	?	?
4	?	?	?	?	?	?
5	?	?	?	?	?	
6	?	?		?		

▲オリジナル授業名《じゅぎょうめい》ははがき1枚《まい》につき1つだけ書《か》いて送《おく》ってね。何曜《なによう》の何時間目《なんじかんめ》の授業《じゅぎょう》にするかは、オモコロ教授陣《きょうじゅじん》が選《えら》んで、時間《じかん》割《わり》を完成《かんせい》させるぞ！

コロコロ編集部《へんしゅうぶ》だより

オモコロさんのオフィス近《ちか》くのカレー屋《や》の会員証《かいいんしょう》をもらったのですが、その後《ご》オモコロさんが引《ひ》っ越《こ》しました…。

@オモボイス
みんな才能《さいのう》ありすぎ！ 世界中《せかいじゅう》のみんなが笑顔《えがお》になれますように。
9歳 女性

@オモボイス
1ヶ月《げつ》かけてミュウツーを1人《ひとり》で倒《たお》しました。
36歳 男性

2024年《ねん》コロコロ2月号掲載《がつごうけいさい》

その頃《ころ》、オモコロチャンネルでは…

◀五感全《ごかんすべ》てを同時《どうじ》に試《ため》す、という企画説明《きかくせつめい》に対《たい》し「生《い》きるってこと?」と切《き》り返《かえ》す原宿《はらじゅく》さんのパンチラインがあまりにも鮮《あざ》やか。

【脳爆発《のうばくはつ》】5感同時《かんどうじ》にクイズを出題《しゅつだい》して全問正解《ぜんもんせいかい》できるのか!?

web宿題《ウェブしゅくだい》 今月《こんげつ》のスローガン

「オネギマンとたたかうイエーイ」
岡山県/猫くん

「永遠《えいえん》に回転《かいてん》するようになった」
神奈川県/おかづぴ

「フライドポテトのリモコン」
神奈川県/なげーいも

今月《こんげつ》の優秀《ゆうしゅう》スローガン

優秀賞《ゆうしゅうしょう》

「飲《の》む力《ちから》」
東京都/Y57136

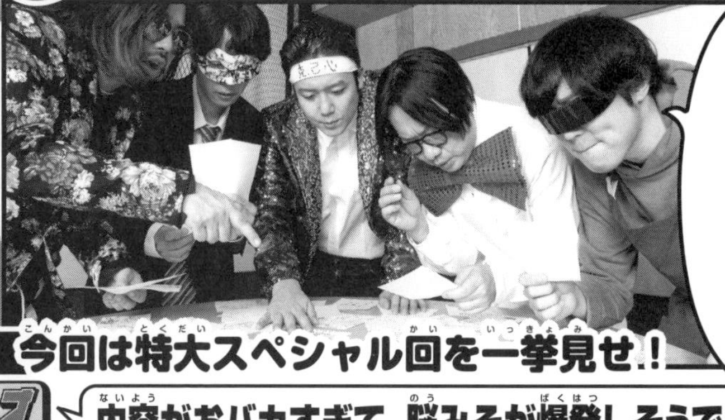

今回《こんかい》はお正月特別編《しょうがつとくべつへん》! みんなから集《あつ》めた『新《あたら》しい干支《えと》のメンバー』を発表《はっぴょう》するぞ! 新《あたら》しい干支《えと》は次《つぎ》のページから!

◀今回《こんかい》は特大《とくだい》スペシャル回《かい》を一挙見《いっきょみ》せ!

オ
@オモボイス

内容《ないよう》がおバカすぎて、脳《のう》みそが爆発《ばくはつ》しそうでした。
8歳 男性

メンバーをイラストでひとつ描《か》きなさい」

オモコロメンバーからのお年玉《としだま》だよ!!　みんなに自慢《じまん》しちゃおう！

【2024年《ねん》の干支《えと》】

大阪府／H.S

優秀《ゆうしゅう》賞《しょう》

▲Ⓐアルミホイルから始《はじ》まる干支《えと》がいまだかつてあっただろうか!?　最高《さいこう》！

【2025年《ねん》の干支《えと》】

優秀《ゆうしゅう》賞《しょう》

▼Ⓐ「キメラ年《どし》」ってめちゃかっこいいな！キメラ年《どし》に生《う》まれる赤《あか》ちゃんになりてえ～！

大阪府／H.S

【2026年《ねん》の干支《えと》】

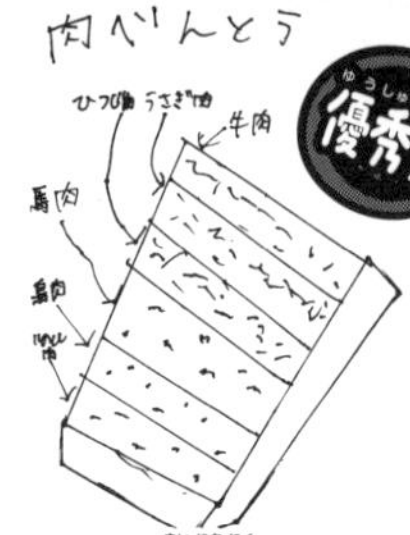

優秀《ゆうしゅう》賞《しょう》

▲Ⓐきっと毎日肉《まいにちにく》べんとうを食《く》って馬鹿《ばか》でかいウンコして寝《ね》るだけの日々《ひび》になりそうで最高《さいこう》！

千葉県／くさったふくじんづけ

【2030年《ねん》の干支《えと》】

大阪府／H.N

優秀《ゆうしゅう》賞《しょう》

▲㊕米《こめ》1粒《つぶ》には7人《にん》の神様《かみさま》がいるって言《い》うから、これなら700人分《にんぶん》だね！

【2031年《ねん》の干支《えと》】

優秀《ゆうしゅう》賞《しょう》

新潟県／M.R

▲㊕たくさん愛《あい》されたんだろうな…いい1年《ねん》になりそう…。

【2032年《ねん》の干支《えと》】

福島県《ふくしまけん》／オジ・ドア・アケロ

優秀《ゆうしゅう》賞《しょう》

▲㊕一転《いってん》して嫌《いや》な年《とし》すぎる！だけど、ヒルは医療《いりょう》にも使《つか》われていた歴史《れきし》があるし、健康《けんこう》な一年《いちねん》になるかも!?

お題《だい》48

「干支《えと》のメンバーを総入《そうい》れ替《か》えします。新《あたら》しい

今回《こんかい》はスペシャル回《かい》ということで、採用者全員《さいようしゃぜんいん》に優秀賞《ゆうしゅうしょう》をプレゼント！

【2027年《ねん》の干支《えと》】

▼㊧年賀状《ねんがじょう》にでっかく母《はは》の顔《かお》を描《か》いて友《とも》だちに送《おく》るの、恥《は》ずかしくていいな！

優秀賞《ゆうしゅうしょう》

神奈川県／I.K

【2028年《ねん》の干支《えと》】

優秀賞《ゆうしゅうしょう》

▲㊧純正《じゅんせい》メーカーのやつのほうが縁起《えんぎ》もいいらしい……。

神奈川県／アンダーザシー

【2029年《ねん》の干支《えと》】

▼㊧コイツと1年《ねん》おつきあいするの、なかなか覚悟《かくご》がいる！

優秀賞《ゆうしゅうしょう》

兵庫県／A.H

【2033年《ねん》の干支《えと》】

愛知県／ソウスケ

優秀賞《ゆうしゅうしょう》

▲㊥たくさんいる横山《よこやま》の中《なか》でも、なぜかこの兄弟《きょうだい》が干支《えと》に採用《さいよう》！お兄《にい》さんの名前《なまえ》が「秋《しゅう》」っていう味《あじ》わい深《ぶか》さね。

【2034年《ねん》の干支《えと》】

奈良県／S.S

▼㊥しゃべれるつぶれたごぼう、おめでとう！　本人《ほんにん》も思《おも》ってない大出世《だいしゅっせ》だ！

優秀賞《ゆうしゅうしょう》

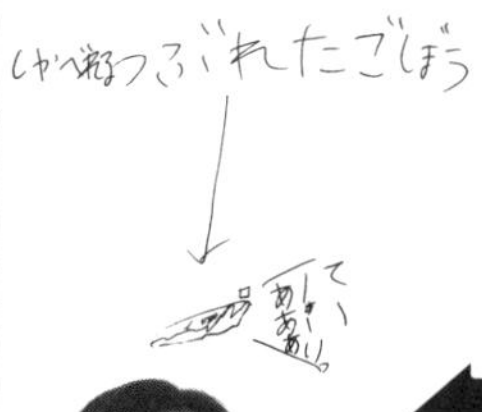

そして【2035年《ねん》の干支《えと》】は…!?

今回《こんかい》はオール優秀賞《ゆうしゅうしょう》！

こいつは力作《りきさく》ぞろいだぜ！ええい！ 全員優秀賞《ぜんいんゆうしゅうしょう》だ!! 持《も》ってけ!! こんな干支《えと》なら今後《こんご》の日本《にっぽん》は安泰《あんたい》だな!!

新《あたら》しい干支《えと》の覚《おぼ》え方《かた》

昔々《むかしむかし》、落《お》ちていたアルミホイルをキメラが食《た》べていると、おいしい肉《にく》弁当《べんとう》を見《み》つけました。しかし、肉弁当《にくべんとう》は母《はは》に奪《うば》われ、大事《だいじ》なゲームのプロコンまで取《と》られてしまいました。キメラが泣《な》いているとうんちの神《かみ》様《さま》が現《あらわ》れて「お前《まえ》に米《こめ》100粒《つぶ》を与《あた》えよう」と言《い》いました。キメラはその米《こめ》を象《ぞう》の玉木《たまき》くん(35)に食《た》べさせて仲《なか》間《ま》にしました。すると玉《たま》木《き》くんは、幸《しあわ》せな笑顔《えがお》でヒルを吐《は》き出《だ》しました。母《はは》は驚《おどろ》いて逃《に》げ出《だ》しました。一方《いっぽう》地球《ちきゅう》の裏側《うらがわ》では、横山兄弟《よこやまきょうだい》が潰《つぶ》れたごぼうを振《ふ》り回《まわ》し、足《あし》に軍手《ぐんて》をした猿《さる》としばきあって戦《たたか》っていました。めでたしめでたし。

いや覚《おぼ》えられるかい!

今月《こんげつ》の最優秀《さいゆうしゅう》賞《しょう》

【2035年《ねん》の干支《えと》】

大阪府／H.K

ぐんてのサル
ぐん手

▲㊗軍手《ぐんて》を足《あし》に履《は》いてるのがポイント高《たか》いよな！　最高《さいこう》!!

さる年《どし》はもうあるのに⁉
ぐんてのサル年《どし》⁉　なんて
真《ま》っ直《す》ぐな目《め》をしてるんだ。
そんな目《め》で見《み》られたら
最優秀賞《さいゆうしゅうしょう》!!

今月《こんげつ》の最優秀《さいゆうしゅう》賞《しょう》

Hさんには、ソフト「スーパーマリオブラーズ ワンダー」をプレゼント!!　干支《えと》を一周《いっしゅう》するくらい遊びたおしてね!?

Web宿題《ウェブしゅくだい》

お題《だい》49　初夢《はつゆめ》に富士山《ふじさん》が出《で》ると良《よ》い年《とし》になるといわれますが、微妙《びみょう》な年《とし》には何《なに》がでてくるでしょう？

優秀賞《ゆうしゅうしょう》　**とうがらしバラまくスプリンクラー**　神奈川県／めがねくん

手《て》　広島県／がんばろう　**食《た》べかけのプリン**　奈良県／ツナレインボー

白米《はくまい》でできた宮殿《きゅうでん》　静岡県／気持ちはデュエルマスター

お題《だい》50　おみくじを引《ひ》いたら「バカ吉《きち》」でした。何《なに》が書《か》いてあった？

優秀賞《ゆうしゅうしょう》　**帰《かえ》れ**　埼玉県／オオミソカ

メロンを食《た》べるとメロンが食《た》べられる　静岡県／雑魚デュエリスト

パンがよくこげる　広島県／しんちゃん

メリークリスマース　長野県／ダイコンの進化系

今月《こんげつ》の宿題《しゅくだい》

お題《だい》は全部《ぜんぶ》で3つ！ 爆笑回答《ばくしょうかいとう》を投稿《とうこう》しよう!!

今月《こんげつ》の募集《ぼしゅう》は体育《たいいく》、昼休《ひるやす》み、理科《りか》。新科目《しんかもく》の体育《たいいく》と…昼休《ひるやす》みって科目《かもく》なのか？　とにかく爆笑《ばくしょう》させよう！

募集《ぼしゅう》 体育《たいいく》

「運動会《うんどうかい》のまったく新《あたら》しい種目《しゅもく》をイラストで答《こた》えなさい」

イラストは大《おお》きく！ 説明《せつめい》は短《みじか》く書《か》こう！

募集《ぼしゅう》 昼休《ひるやす》み

「昼休《ひるやす》み、学校中《がっこうじゅう》が大騒《おおさわ》ぎになった校内放送《こうないほうそう》は何《なん》でしょう？」

まず良《い》い事件《じけん》か悪《わる》い事件《じけん》か考《かんが》えてみましょう！

募集《ぼしゅう》 理科《りか》

「アホな生《い》き物係《ものがかり》が連《つ》れてきた、とんでもない生《い》き物《もの》を描《か》きなさい」

生《い》き物係《ものがかり》の枠《わく》を飛《と》び越《こ》えた生《い》き物《もの》を飼育《しいく》してみよう

コロコロ編集部《へんしゅうぶ》だより

新《あたら》しい干支《えと》の物語《ものがたり》をたった○日《ビーにち》で書《か》いてという無茶《むちゃ》ブリに答《こた》えてくれた恐山先生《おそれざんせんせい》には頭《あたま》が上《あ》がりません…。

オ @オモボイス

みんなの回答《かいとう》見《み》て自分《じぶん》もハガキで出《だ》すのをやりたくなった。

11歳 男性

オ @オモボイス

これはおまえの父《ちち》だ。

8歳 男性

特別《とくべつ》まんが「新干支《しんえと》むかしばなし」

作《さく》／ぺろり

エ～ン
おや
キメラが泣《な》いているとうんちの神《かみ》が現《あらわ》れました。
かわいそうに…
キメラに米《こめ》100粒《つぶ》をあたえました。
パラパラ
なんかいやだ。
パラ
じゃあの
プッ
プッ
プッ
なにあいつ。
じ～～～…

ズォ〜〜ッ
キメラは米《こめ》を象《ぞう》の玉木《たまき》くん(35)に食《た》べさせて仲間《なかま》にしました。
パク
すると玉木《たまき》くんは…、
う♡んまぁ〜〜い
プリ
プリ
よかったね

しあわせ〜〜♡
ドゥルルル
血《ち》〜〜っす。
キャーッ
ヒルを吐《は》き出《だ》しました。
母
肉
キャーーッ
母《はは》はおどろいて逃《に》げ出《だ》しました。
ピュ〜〜
びびったー
スミマセン
ち〜〜？
いっぽうその頃《ころ》地球《ちきゅう》の裏側《うらがわ》では…。

横山兄弟《よこやまきょうだい》と
軍手《ぐんて》をはいた猿《さる》が
つぶれた
ゴボウで
しばき合《あ》っていました。
やんのかオラ
やるかコラ
キャッ キャッ
めでたしめでたし♥
新干支《しんえと》むかしばなし〜完《かん》〜
ここテストに出《で》ま〜〜〜す。
9がつ67にち
新干支《しんえと》☆オススメのおぼえかた。
アルミ
アル
キメ
肉
ニク
ハー
プロ
ウン
コー
ゾウ
ヒル
ヨコ
ゴボ
ぐサ
おぼえんな!
こくご

2024年《ねん》コロコロ3月号掲載《がつごうけいさい》

その頃《ころ》、オモコロチャンネルでは…

◀革命的企画《かくめいてききかく》「仕切《しき》りじゃんけん」の精神的続編《せいしんてきぞくへん》。みくのしん氏扮《しふん》するマジカルみーくんに全《ぜん》オモコロファンが心《こころ》を洗《あら》われたに違《ちが》いない。

仲間《なかま》キャラを召喚《しょうかん》して戦《たたか》うじゃんけん大会《たいかい》、開幕《かいまく》!【使役《しえき》じゃんけん】

web《ウェブ》宿題《しゅくだい》　今月《こんげつ》のスローガン

「ちょんまげのちょんまげをぬく」
滋賀県／ヒカト

「なんでもケチャップまみれ!」
静岡県／宇宙パトロール コスモ、ス

「かりんとうはなぜかたい」
熊本県／ゆでたまご

「宿題《しゅくだい》を燃《も》やして食《た》べよう」
静岡県／三色マーカー

みんな元気《げんき》だったか!?　どう元気《げんき》!?　元気《げんき》かどうかだけ教《おし》えて! 実際元気《じっさいげんき》だった!?　元気《げんき》ならいいんだけど実際《じっさい》はどう!?　お! 元気《げんき》っぽい?　元気《げんき》っぽいか! あーよかった!!　俺《おれ》はこのまえ食中毒《しょくちゅうどく》になってビームみたいな**ゲロ**を吐《は》きました。よろしくお願《ねが》いします。

今月《こんげつ》の優秀《ゆうしゅう》スローガン

「ハンマーうんこで気絶《きぜつ》する」

優秀賞《ゆうしゅうしょう》

広島県／しんちゃん

ハンマーうんこ……なんて強《つよ》そうな響《ひび》きなんだ! 今月《こんげつ》は一人《ひとり》1本《ぽん》ハンマーうんこを持《も》って学校《がっこう》に行《い》こう!（リコーダーの袋《ふくろ》に入《い》ればバレないはず。）

このままARuFa《アルファ》先生《せんせい》の授業《じゅぎょう》スタート!

オ
@オモボイス

僕《ぼく》は初夢《はつゆめ》でちゃんと富士山《ふじさん》を見《み》たいです。
11歳 男性

お題《だい》51 「豆《まめ》を投《な》げるよりも鬼《おに》が嫌《いや》がることを絵《え》で描《か》きなさい」

?

家《いえ》に豆《まめ》が無《な》くても鬼《おに》を退治《たいじ》できる方法《ほうほう》が集《あつ》まったぞ!!

千葉県／Y.K

▲Ⓐ無言《むごん》なの怖《こわ》っ!!!

優秀賞《ゆうしゅうしょう》
人にますを投げられること
東京都／近鉄特急

▲Ⓐ確《たし》かにますの方《ほう》が固《かた》いし痛《いた》いわ!!
天才《てんさい》!!

京都府／
ハム太
みかんのしるを、
おににとばす

▲Ⓐみかんの汁《しる》が目《め》に入《はい》るとメチャクチャしみるんだよな…。

優秀賞《ゆうしゅうしょう》
現実
現実
大阪府／T.R

▲Ⓐ家《いえ》のローンや老後《ろうご》の年金問題《ねんきんもんだい》を鬼《おに》に突《つ》きつけて退治《たいじ》しよう！

優秀賞《ゆうしゅうしょう》
くさっタコ
新潟県／W.A

▶Ⓐ急《きゅう》に何《なに》!? くさっタコって何《なに》!? でもクセーのは確実《かくじつ》！ 逃《に》げろ！

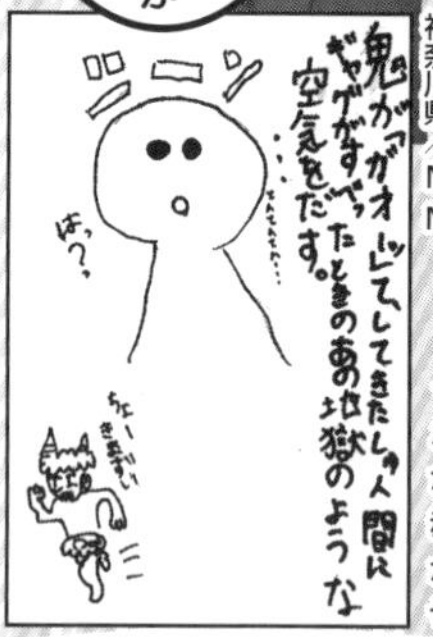
神奈川県／N.N
鬼が「ガオーッ」ってしてきたしゅん間に
ギャグがすべったときのあの地獄のような
空気をだす。
はっ？

◀Ⓐただでさえ赤《あか》い鬼《おに》の顔《かお》がさらに真《ま》っ赤《か》になる様子《ようす》が目《め》に浮《う》かぶぜ……。

お題《だい》52 「アホアホ小学校《しょうがっこう》の校長《こうちょう》が卒業生《そつぎょうせい》に言《い》った一言《ひとこと》を文字《もじ》で書《か》きなさい」

?
卒業式

卒業式
新潟県／M

▲(恐)語尾《ごび》だけちょっと変《か》えてオリジナリティを出《だ》すな！

出てけ
卒業式
静岡県／H.H

▲(恐)「卒業《そつぎょう》する6年生《ねんせい》なんか俺《おれ》は毎年見《まいとしみ》てるんだよ！」という校長《こうちょう》の熱《あつ》いメッセージだ！

それでは楽しい六年間をもういちどお楽しみください。
卒業式
長野県／深海しゃけ丸

▲(恐)そして意識《いしき》が遠《とお》くなり、目《め》がさめたら6年前《ねんまえ》の4月《がつ》になっていて……。

あ〜〜
きもちい〜〜
(ジョボジョボ)
(ジョボジョボ)
卒業式
福島県／アジミン

▲(恐)全校生徒《ぜんこうせいと》に見《み》られているとより一層《いっそう》気持《きも》ちいいってこと!?

▶㊋自分《じぶん》が何《なん》の式《しき》に出《で》てるかわかってない校長《こうちょう》も、すなおに感心《かんしん》して聞《き》いてる生徒《せいと》もアホすぎ！

広島県／スラそう

▶㊋給食《きゅうしょく》が美味《おい》しかったのって、もしかして私《わたし》たちを太《ふと》らせて美味《おい》しくするため!?

神奈川県／肉くいてぇ

愛知県／春巻きさん

◀㊋パキケファロサウルス（膨《ふく》らんだ石頭《いしあたま》をぶつけて縄《なわ》張《ば》り争《あらそ》いをしていたといわれる恐竜《きょうりゅう》）の学校《がっこう》かよ！

お題《だい》53
「ネコがこたつで丸《まる》くなっているとき、加藤《かとう》は何《なに》をしているか絵《え》で描《か》きなさい」

京都府／ハム太

▲㊎これは確《たし》かにあるかもしれない…。自《じ》堕落《だらく》な生活《せいかつ》のリアルだぜ…。

▶㊎死《し》んじゃってない？みんなのために美《うつく》しく散《ち》っちゃってない？ありが…と…う…。

神奈川県／I.K

▼㊎加藤《かとう》だってそうだよね。ネコもそうなんだもん。

大阪府／O.K

大阪府／H.K

▲㊎ネコがこたつなら、こっちは巨大綿棒《きょだいめんぼう》！　どことなしか神聖《しんせい》な雰囲気《ふんいき》もGood《グッド》！

今月《こんげつ》の最優秀賞《さいゆうしゅうしょう》

ネコに負《ま》けてはいられねぇ！
寒《さむ》い中《なか》であえて裸《はだか》で冷麺《れいめん》！
奇祭《きさい》として残《のこ》して、
真《しん》の益荒男《ますらお》を毎年決《まいとしき》めよう！

栃木県／エアコン

▲㊋股間《こかん》をモザイクで隠《かく》してくれた心遣《こころづか》いもGOOD《グッド》！

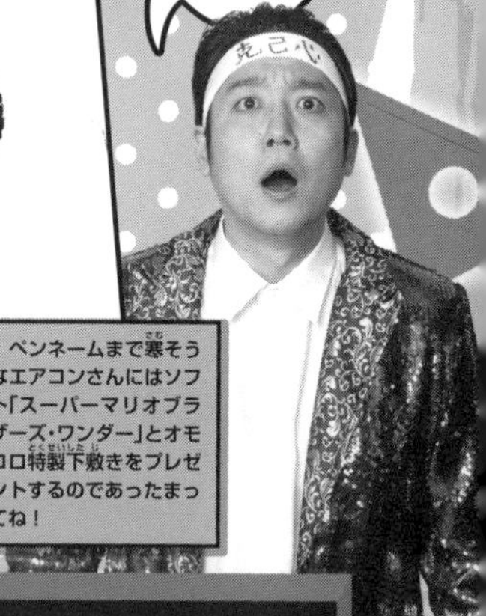

何《なん》でそんなことを……？
そりゃ寒《さむ》いに
決《き》まってるだろ！

ペンネームまで寒《さむ》そうなエアコンさんにはソフト「スーパーマリオブラザーズ・ワンダー」とオモコロ特製下敷《とくせいしたじ》きをプレゼントするのであったまってね！

Web《ウェブ》宿題《しゅくだい》

お題《だい》54 好《す》きな子《こ》に渡《わた》すのはチョコですが、好《す》きでも嫌《きら》いでもない子《こ》には何《なに》を渡《わた》しますか？

優秀賞《ゆうしゅうしょう》 **障子《しょうじ》** 神奈川県／M

逃《に》げるパン 千葉県／トブネコ

橋《はし》 宮城県／ぷかり

百貨店《ひゃっかてん》のタンバリン 埼玉県／引き抜きにくい釘

その子《こ》の目《め》の前《まえ》で拾《ひろ》った石《いし》 東京都／アキー

指《ゆび》を切《き》りそーな紙《かみ》 福岡県／ハァ？？

お題《だい》55 坂本龍馬《さかもとりょうま》のミドルネームを考《かんが》えなさい (例《れい》)坂本《さかもと》・フルーティ・龍馬《りょうま》

優秀賞《ゆうしゅうしょう》 **坂本《さかもと》・小指《こゆび》だけ冷《つめ》たい・龍馬《りょうま》** 宮城県／ぷかり

優秀賞《ゆうしゅうしょう》 **坂本《さかもと》・自転車《じてんしゃ》の敵《てき》・龍馬《りょうま》** 埼玉県／パイナポー

坂本《さかもと》・ウッパイ・龍馬《りょうま》 長野県／アー

坂本《さかもと》・ロングポテト・龍馬《りょうま》 兵庫県／おうちゃんねる

坂本《さかもと》・リモコンピピピ・龍馬《りょうま》 京都府／ナマケモノ

坂本《さかもと》・Ado《アド》・龍馬《りょうま》 東京都／コロコロ大好き

坂本《さかもと》・カシツテト・佐知《さち》 神奈川県／ケシカス

坂本《さかもと》・牛《うし》の子《こ》ども・龍馬《りょうま》 兵庫県／おとうふ

佐知《さち》って何《なに》!?

今月《こんげつ》の宿題《しゅくだい》

お題《だい》は全部《ぜんぶ》で3つ！ 爆笑回答《ばくしょうかいとう》を投稿《とうこう》しよう!!

今月《こんげつ》の募集《ぼしゅう》は国語《こくご》、理科《りか》、社会《しゃかい》の３科目《かもく》！ 自由《じゆう》な発想《はっそう》で先生達《せんせいたち》を爆笑《ばくしょう》させてくれ！

募集《ぼしゅう》 国語《こくご》

「織田信長《おだのぶなが》のミドルネームを考《かんが》えなさい」

(例《れい》) 織田《おだ》・レインボー・信長《のぶなが》

例《れい》に引《ひ》っ張《ば》られず、
自分《じぶん》なりのミドル
ネームを考《かんが》えよう！

募集《ぼしゅう》 社会《しゃかい》

「恐山先生《おそれざんせんせい》がCM《シーエム》出演《しゅつえん》！ 何《なに》を宣伝《せんでん》している？
商品名《しょうひんめい》と商品《しょうひん》の絵《え》を描《か》きなさい」

?

爆発的《ばくはってき》に売《う》れるような
CM《シーエム》にしてくださいよ！
お願《ねが》いしますよ！

募集《ぼしゅう》 理科《りか》

「世界一珍《せかいいちめずら》しいカタツムリの
殻《から》の部分《ぶぶん》を描《か》きなさい」

?

君《きみ》だけのカタツムリを
作《つく》ろう！

コロコロ編集部《へんしゅうぶ》だより

Web宿題《ウェブしゅくだい》で人気《にんき》だったミドルネームお題《だい》がハガキの応募宿題《おうぼしゅくだい》に昇格《しょうかく》。読者《どくしゃ》人気《にんき》を反映《はんえい》したりしなかったり。

ついこのページを見《み》ちゃいます。

@オモボイス 9歳 男性

校長《こうちょう》をはげにしてほしい。

@オモボイス 8歳 男性

人物紹介《じんぶつしょうかい》 社会《しゃかい》 加藤《カトウ》

怪《あや》しいサングラスの社会科教師《しゃかいかきょうし》だけど、教《おし》えてくれるのは社会《しゃかい》のウラ側《がわ》ばかり!?

社会《しゃかい》から目《め》をそむけるためにサングラスをしているぞ！ 心《こころ》は弱《よわ》いんだ！

人前《ひとまえ》でうんちをしたことがないらしい。

かつて東北《とうほく》では「雨《あめ》と山《やま》の神《かみ》」と恐《おそ》れられていたが、今《いま》ではすっかり大人《おとな》しくなり黒板《こくばん》けしクリーナーの収《しゅう》集《しゅう》に勤《いそ》しんでいる。

チョコパイを容易《たやす》く握《にぎ》りつぶす怪力《かいりき》。ペットボトルをへコませながら飲《の》む癖《くせ》を子《こ》どもの頃《ころ》に治《なお》したらしい。

宿題《しゅくだい》をやったことがなく、九九《くく》も覚《おぼ》えていない。こういう大人《おとな》も社会《しゃかい》にはいるんだ。覚《おぼ》えておこう！

特別《とくべつ》まんが「加藤先生《かとうせんせい》の日常《にちじょう》」 作《さく》／ぺろり

ビュオオオオオオ…
冬《ふゆ》はやっぱり、裸《はだか》で冷麺《れいめん》。
ガクガク
ブルブル
はだかでれいめんたべる。
「寒む」
想像《そうぞう》くらいあったためてやれよ!!
さむ・そう

まぁまぁお腹《なか》すいたら戻《もど》ってくるでしょ。
ポヵ
ポヵ…
もはやノラネコじゃん。
みかんうめっ
放《ほう》っておいても大丈夫《だいじょうぶ》だって。
メンバーがいなきゃ授業《じゅぎょう》ができないだろ！メンバーが！
めんぼょ〜〜〜ん
巨大《きょだい》メンボー・・・ならありますよ。
それでいいじゃん!!
いいわけあるか〜〜〜!!!
ドッカー
もしもし加藤《かとう》さぁん？
ゲツメンボー
おとな
こども

コタツか〜、いいねえ。
もうそんな季節《きせつ》かぁ〜〜〜。
あと今《いま》おきました
何《なに》やってんすか。
フツーにねぼうかい!。
今《いま》扇《せん》風《ぷう》機《き》かたづけてる。
おしいれ
ぶき
ラーメン
今《いま》ごろ〜〜!?
はよこんかい!!
季節感《きせつかん》ゼロ。
ようやくせん風機をかた付けている。

2024年《ねん》コロコロ4月号掲載《がつごうけいさい》

その頃《ころ》、オモコロチャンネルでは…

◀加藤氏《かとうし》による『スーパーマリオくん』の全《ぜん》力音読《りょくおんどく》が炸裂《さくれつ》した回《かい》。後日《ごじつ》、沢田先生《さわだせんせい》からお礼《れい》のバケットハットが贈《おく》られた。

100%《パーセント》フルパワーでマンガを音読《おんどく》したらめちゃくちゃ面白《おもしろ》かった

web宿題《ウェブしゅくだい》　今月《こんげつ》のスローガン

「目《め》つぶりながらうんこ描《か》け」
宮崎県／虹

「麻酔《ますい》はリンゴに打《う》つとよい」
東京都／またね www

「国宝《こくほう》ニャー」
東京都／りくな

今月《こんげつ》も素晴《すば》らしいスローガンが集《あつ》まったな!!　その調子《ちょうし》で常識《じょうしき》を疑《うたが》おう。大人《おとな》を疑《うたが》おう。子《こ》どもを疑《うたが》おう。国家《こっか》を疑《うたが》おう。友達《ともだち》を疑《うたが》おう。自分《じぶん》を疑《うたが》おう。しっこを信《しん》じよう。

今月《こんげつ》の優秀《ゆうしゅう》スローガン

優秀賞《ゆうしゅうしょう》

「つまようじが蛇《へび》を猫《ねこ》にする」

東京都／アーティスト

知《し》らない国《くに》のことわざ?　一見深《いっけんふか》そうでいて実《じつ》は何《なん》の意味《いみ》もないんだろうな。人生《じんせい》とおんなじだね。

◀最初《さいしょ》は原宿先生《はらじゅくせんせい》の授業《じゅぎょう》からスタート!

オ
@オモボイス

たくさんの応募《おうぼ》から選《えら》ぶの疲《つか》れますよね。今後《こんご》もがんばってくださゐ。
11歳　男性

お題《だい》56

「電球《でんきゅう》が光《ひか》っている図面《ずめん》の【?】の部分《ぶぶん》を絵《え》で描《か》きなさい」

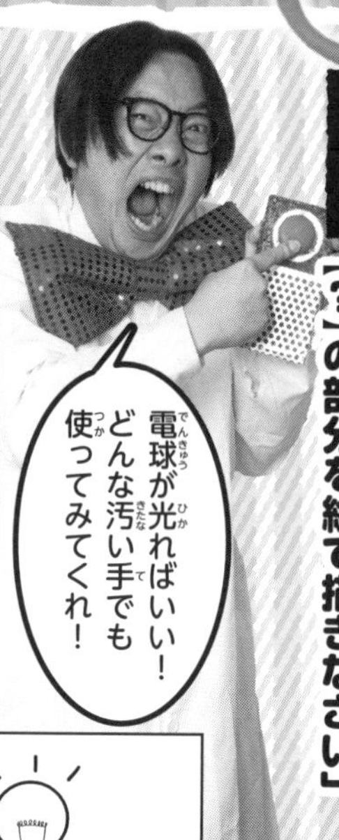

電球《でんきゅう》が光《ひか》ればいい!
どんな汚《きたな》い手《て》でも
使《つか》ってみてくれ!

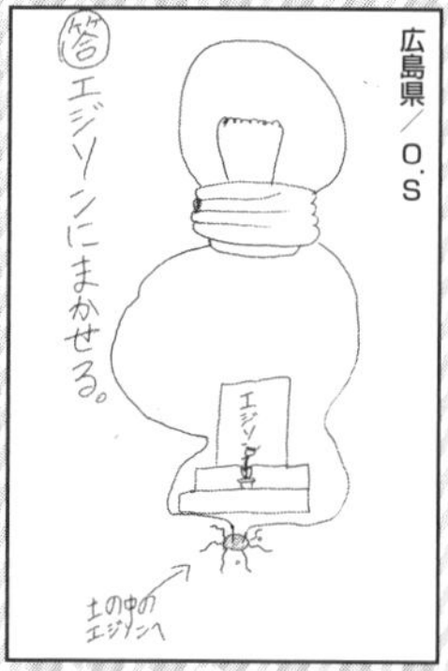

広島県/O.S
答
エジソンにまかせる。
エジソン
土の中の
エジソンへ

▲原死《し》してなお頼《たよ》られるエジソン。

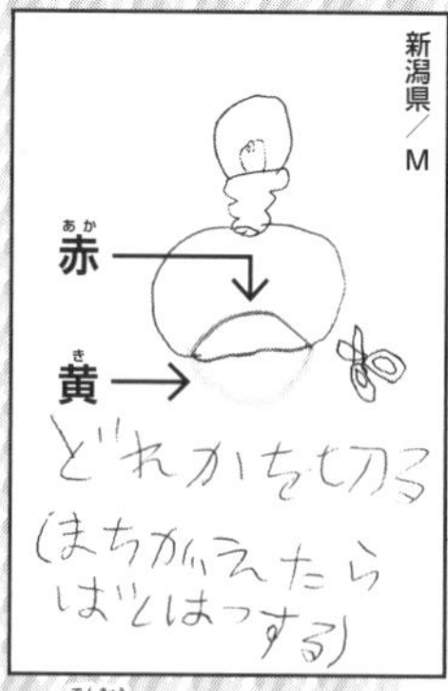

新潟県/M
赤《あか》
黄《き》
どれかを切る
(まちがえたらばくはつする)

▲原電球《でんきゅう》つけるのにリスク高《たか》すぎ!

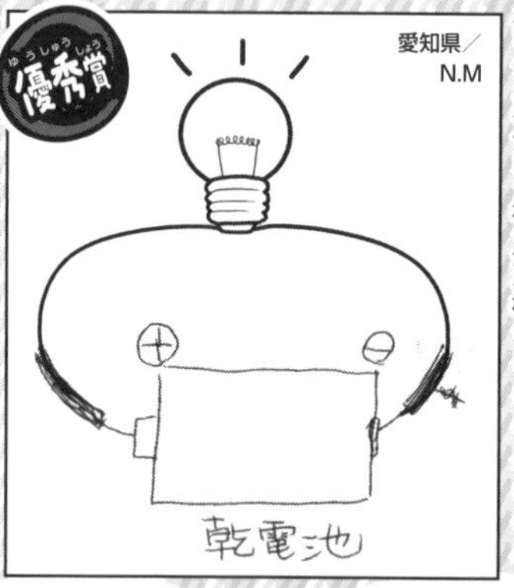

優秀賞《ゆうしゅうしょう》
愛知県/N.M
乾電池

◀原そうそうそう、乾電池《かんでんち》をこうやって…って合《あ》ってるやつじゃねーかこれ!

長野県/K.N
バナナ

▲原意外《いがい》と誰《だれ》も試《ため》してなかっただけで…。

?

お題《だい》57

「ハチャメチャ小学校《しょうがっこう》オリジナルの授業名《じゅぎょうめい》を書《か》きなさい」

みんなの回答《かいとう》でハチャメチャな時間割《じかんわり》を作《つく》ってみよう!

	月	火	水	木	金	土
1	?	?	?	?	?	?
2	?	?	?	?	?	?
3	?	?	?	?	?	?
4	?	?	?	?	?	?
5	?	?	?	?	?	?

世界《せかい》のどこにもない時間割《じかんわり》をみんなで作《つく》りましょう!

こんな学校《がっこう》に
通《かよ》ったらバケモノ
みたいな小学生《しょうがくせい》が
爆誕《ばくたん》すること
間違《まちが》いなし！
金曜日《きんようび》の全《すべ》てが
トイレなの最高《さいこう》すぎ！
しょんべん
パーティーじゃん！

<table>
<tr><th></th><th>月</th><th>火</th><th>水</th><th>木</th><th>金</th><th>土</th></tr>
<tr><th>1</th><td>① 校長のかみのけ ばれずにぬく授業</td><td>⑥ 社会の窓</td><td colspan="2">⑩ BEYBLADLX たいけんかい</td><td rowspan="5">⑱ 金ようびの全じかん トイレ</td><td>⑲ ひゃっくり</td></tr>
<tr><th>2</th><td>② くまをたおす</td><td>⑦ どうとく祭り</td><td>⑪ コロコロおんでく</td><td>⑭ なぐりあい</td><td>⑳ かべにがびょうをさす</td></tr>
<tr><th>3</th><td>③ おやつ</td><td>⑧ うんこのさんぽ</td><td>⑫ 舌を鼻につけるための授業</td><td>⑮ 交通いはんのとりしまり</td><td>㉑ 音痴泣かせ</td></tr>
<tr><th>4</th><td>④ はかまいり ゆーれー</td><td>⑨ 学校を壊す</td><td>⑬ スパゲッティ大食い大会</td><td>⑯ 校舎の中で鬼ごっこ 通称・校鬼</td><td>㉒ 「運動場の石拾い」</td></tr>
<tr><th>5</th><td colspan="3">⑤ 下校（かえる日ま）＊帰る</td><td>⑰ デリバリー ポップコーン</td><td></td></tr>
</table>

①秋田県／むかしの未来人、②兵庫県／びくり、③東京都／I.R、④東京都／アーティスト、⑤埼玉県／K.Y、⑥兵庫県／たこ、⑦神奈川県／I.A、⑧島根県／わっちー、⑨東京都／近鉄特急、⑩神奈川県／ピクミン、⑪東京都／ケント、⑫北海道／Y.T、⑬山梨県／もじゃもじゃくん、⑭岐阜県／+−×÷、⑮佐賀県／タマ、⑯香川県／かけうどん、⑰大阪府／H.K、⑱宮城県／N.K、⑲北海道／M、⑳兵庫県／びくり、㉑東京都／COLO、㉒沖縄県／1

わざわざ
「下校《げこう》」を時間割《じかんわり》に
入《い》れるな！

◀まだある！ 最優秀賞《さいゆうしゅうしょう》の授業名《じゅぎょうめい》いよいよ発表《はっぴょう》!!!

まさかの校外学習《こうがいがくしゅう》!?

愛知県／コーティー

▲(永)これを授業《じゅぎょう》として行《おこな》う小学校《しょうがっこう》、嫌《いや》すぎて面白《おもしろ》いぜ！

今月《こんげつ》の最優秀《さいゆうしゅう》賞《しょう》

枠《わく》を飛《と》び出《だ》したオモロな授業《じゅぎょう》を考《かんが》えたコーティー君《くん》にはソフト『スーパーマリオブラザーズ・ワンダー』とオモコロ特製《とくせい》下敷《したじ》きをプレゼント!!

Web宿題《ウェブしゅくだい》

お題《だい》58 「もうええわ」に代《か》わる、漫才《まんざい》の新《あたら》しい終《お》わり方《かた》を答《こた》えなさい

優秀賞《ゆうしゅうしょう》 **地面《じめん》を叩《たた》きながら匍匐前進《ほふくぜんしん》** 東京都／世界一バカ野郎

落《お》とし穴《あな》にハマって出《で》られないで人生《じんせい》ごと終《お》わろーぜ　北海道／ノブノブ

最後《さいご》にバイバイしながら、げろはく　茨城県／陰キャ

なんでウケないんだよー??　宮城県／最強斎藤坂本財宝さん

お題《だい》59 「ジャンガッチョ」これは何《なん》の音《おと》でしょう？

優秀賞《ゆうしゅうしょう》 **オバさんたちがタンバリンを叩《たた》きガムを噛《か》んでいる音《おと》** 千葉県／ケンタッキーフライドチキンNサイズ

鉄《てつ》を平《たい》らにする音《おと》　兵庫県／ドラゴン

政治家《せいじか》の言《い》い訳《わけ》　新潟県／きいちゃん

マジック失敗《しっぱい》　大阪府／いつゆき

今月《こんげつ》の宿題《しゅくだい》

お題《だい》は全部《ぜんぶ》で3つ！ 爆笑回答《ばくしょうかいとう》を投稿《とうこう》しよう!!

今月《こんげつ》の募集《ぼしゅう》は図工《ずこう》、社会《しゃかい》、国語《こくご》！　文字《もじ》でも絵《え》でもキミのオモロをみんなに見《み》せつけよう！

募集《ぼしゅう》 図工《ずこう》

「目隠《めかく》しをしている人《ひと》が何《なに》を割《わ》ろうとしているか、「？」の部分《ぶぶん》をイラストで描《か》きなさい」

?

スイカ割《わ》りより
面白《おもしろ》いものが
きっとあるはず！

募集《ぼしゅう》 社会《しゃかい》

「金魚《きんぎょ》すくいより大人気《だいにんき》の『○○すくい』をイラストで描《か》きなさい」

?

お祭《まつ》りにあったら
驚愕《きょうがく》する「○○すくい」
を教《おし》えてね！

募集《ぼしゅう》 国語《こくご》

「この恋愛小説《れんあいしょうせつ》の「？」の部分《ぶぶん》のセリフを文字《もじ》で書《か》きなさい」

「私《わたし》たち別《わか》れよう。」

「？」

雨《あめ》が降《ふ》ってきた…。

映像《えいぞう》を頭《あたま》に思《おも》い
浮《う》かべながら
書《か》いてみましょう！
目指《めざ》せ芥川賞《あくたがわしょう》！

コロコロ編集部《へんしゅうぶ》だより

時間割《じかんわり》はコマ数《すう》が多《おお》すぎて全部載《ぜんぶの》せられるのかと不安《ふあん》でしたが、金曜日《きんようび》のネタに助《たす》けられました。ありがたや。

オ
@オモボイス

オモコロ放課後《ほうかご》クラブは最初《さいしょ》は余《あま》り興味《きょうみ》は無《な》かったけれど10月号《がつごう》や11月号《がつごう》に興味《きょうみ》がわいてきてきて今月号《こんげつごう》やってみました。普段《ふだん》はコロコロコミックで読《よ》んでいただけですが出《だ》そうと思《おも》って書《か》いたらオモコロ放課後《ほうかご》クラブに書《か》いたらとても難《むずか》しったです。2月号《がつごう》もやってみようと思《おも》っています。

8歳　男性

オ
@オモボイス

別冊《べっさつ》オモコロが欲《ほ》しい! と、い、う、こ、と、し、か、な、い。

9歳　男性

こんなとき大人《おとな》に「こう言《い》えばウケるぞ!」

先生《せんせい》たちの爆笑《ばくしょう》テクニックでさらなる高《たか》みへ！　これで家族《かぞく》もニッコニコ!!

「学校《がっこう》でなに流行《はや》ってるの?」と聞《き》かれたとき

永田《ながた》　こういうとき、マジで流行《はや》ってるものを言《い》ってもあんまりウケがよくない。

原宿《はらじゅく》　ゲーム実況者《じっきょうしゃ》の名前《なまえ》とか言《い》ってもね。知《し》らなすぎると反応《はんのう》しづらいから。

加藤《かとう》　大人《おとな》は自分《じぶん》が子《こ》どものとき流行《はや》ってたこと言《い》いたいだけだったりするしね。

恐山《おそれざん》　**「あ、そう。俺《おれ》が子《こ》どもの頃《ころ》はな～……」って。**

ARuFa《アルファ》　どの世代《せだい》でも子《こ》どもの頃《ころ》にやってそうなこと言《い》ったらウケ良《よ》さそうじゃない？

原宿《はらじゅく》　共通《きょうつう》の話題《わだい》になるしね。でもなんだろう。

恐山《おそれざん》　ボンドを机《つくえ》の裏《うら》にぬって剥《は》がしてシートを作《つく》る。

ARuFa《アルファ》　永田《ながた》　**やってたわ。**

総括《そうかつ》「ボンドを机《つくえ》の裏《うら》にぬって剥《は》がしてシート作《つく》ってる」

2024年《ねん》コロコロ5月号掲載《がつごうけいさい》

その頃《ころ》、オモコロチャンネルでは…

◀神回《かみかい》。「世《よ》の中《なか》の！サラリーマン！立《た》ち上《あ》がれよぉ！おめえらカッコいいぜ！」当時《とうじ》この言葉《ことば》に二刀流《にとうりゅう》コーマは心《こころ》から救《すく》われたとか。

春《はる》なので『お悩《なや》み相談《そうだん》』をさせていただければと思《おも》います

web宿題《ウェブしゅくだい》　今月《こんげつ》のスローガン

「ゲリは、トイレで！」
茨城県／三才

「日本《にっぽん》を作《つく》ったのはストレス」
兵庫県／ピエロがお前を嘲笑う

「Gyagu（ギャグ）」
佐賀県／はかたラーメン

ゲリをトイレでしなきゃいけないストレス社会《しゃかい》を今月《こんげつ》もGyagu（ギャグ）でぶっ飛《と》ばしていこうぜ!!

今月《こんげつ》の優秀《ゆうしゅう》スローガン

「マンションのヒーロー」

優秀賞《ゆうしゅうしょう》

千葉県／コンビニ君

世界《せかい》を救《すく》うとか大《おお》げさなこと言《い》ってないで、まずは自分《じぶん》の住《す》んでるマンションを救《すく》おう!! お前《まえ》がなるんだよ、マンションのヒーローに!!　覚悟《かくご》はあるか!?

このまま永田校長《ながたこうちょう》の授業《じゅぎょう》からスタート！

オ
@オモボイス

がんばってください（棒読《ぼうよ》み）。

8歳　男性

お題《だい》60

「運動会《うんどうかい》のまったく新《あたら》しい種目《しゅもく》をイラストで答《こた》えなさい」

おならいいい音
せんしゅけん!
ブギュッ!!
プー
ミー…
ゆうしょう

神奈川県／I.A

▲㊗先生《せんせい》は「ミー……」も良《い》いと思《おも》うぞ！

カツラとり
ルール
カツラを一番最初に
取った人の勝ち!!

広島県／T.K

▲㊗カツラを取《と》られた人《ひと》はずっと負《ま》けてる。

一日中空を見上げる。

大阪府／H.N

▲㊗そういう運動会《うんどうかい》があってもいいよな、いやダメか。

優秀賞《ゆうしゅうしょう》
ロングロングローングうんこせんしゅけん
コーチョー
人類

福岡県／Y.T

ロングロングローングの語感《ごかん》が最高《さいこう》！　右《みぎ》のやつ「人類《じんるい》」て。

帰宅マラソン
ルール.
1.家に帰る。 2.帰ったはやさがいちばんはやいごうけいの
チームがかち。

広島県／K.R

◀㊗素晴《すば》らしい画角《がかく》！　ドローンで空撮《くうさつ》してんのか!?

お題《だい》61

「昼休《ひるやす》み、学校中《がっこうじゅう》が大騒《おおさわ》ぎになった校内放送《こうないほうそう》はなんでしょう?」

?

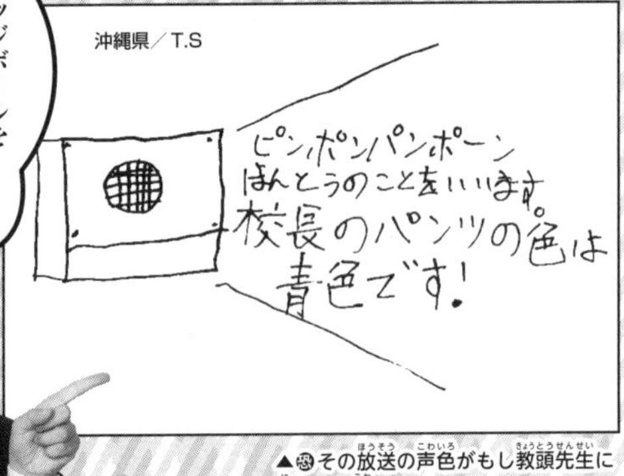
ピンポンパンポーン
ほんとうのことをいいます。
校長のパンツの色は
青色です!

沖縄県／T.S

▲㊗その放送《ほうそう》の声色《こわいろ》がもし教頭先生《きょうとうせんせい》に似《に》てたら怖《こわ》いですね。

ドッジボールをする手《て》が止《と》まるくらいの大《だい》ニュースをお送《おく》りします！

優秀賞《ゆうしゅうしょう》

こんな放送《ほうそう》、めでたこわっ!!

(めでたいけど怖《こわ》いこと)

愛知県／コーティー

▲恐 なぜ!?　誰《だれ》が!?―ど・こ―で!?
謎《なぞ》が謎《なぞ》を呼《よ》ぶ伝説《でんせつ》の校内放送《こうないほうそう》！

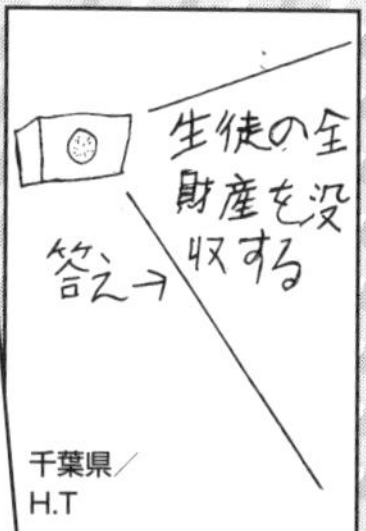

千葉県／
H.T

▲恐 没収《ぼっしゅう》したお金《かね》で校《こう》長《ちょう》の銅像《どうぞう》を建《た》てるらしい！

▶恐 春《はる》のサンタは油断《ゆだん》してるから捕《つか》まえやすいらしい！

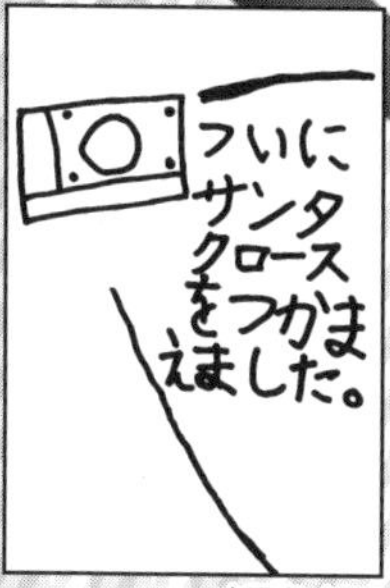

大阪府／ F.S

山梨県／もじゃもじゃ

▶恐 年《ねん》に一回《いっかい》だけランダムにこういう日《ひ》があったら最高《さいこう》すぎるかも!!

お題《だい》62

「アホな生《い》き物係《ものがかり》が連《つ》れてきた、とんでもない生《い》き物《もの》を描《か》きなさい」

千葉県／コンビニ君

▶原 本当《ほんとう》に何《なん》なんだよという表情《ひょうじょう》とパーツで良《よ》い。

大阪府／
H.S

▶原 歯《は》もその辺《あた》りにいたはず。どこいった?

東京都／
ほうれん草パフェ

▶原 ほんの少《すこ》しだけ生《い》き物《もの》の匂《にお》いがするのが腹立《はらだ》たしい。

福島県／カニ好きる

▶原 ヤドカリに迷惑《めいわく》をかけるために特化《とっか》した進化《しんか》。その意気《いき》だ！

茨城県／ちぃ

▶原 生《い》き物《もの》への愛《あい》も特《とく》になさそうな投《な》げやりさ。好感《こうかん》もてます。

うわあああああ
でもこいつも頑張《がんば》って
生《い》きている！
こうなりゃみんなで
育《そだ》てよう！
カブトムシ
神奈川県／I.K
▶原こいつも
立派《りっぱ》な宇宙船《うちゅうせん》・
地球号《ちきゅうごう》の一員《いちいん》だ！
優《やさ》しくさわって
あげてね！
コレとカブトムシを
間違《まちが》えるなんて
めちゃくちゃアホな
生《い》き物係《ものがかり》じゃねえか!!!
ゴゴゴ…
ゴキ…ブ…!?
今月《こんげつ》の
最優秀《さいゆうしゅう》賞《しょう》
ワンダーな生《い》き物《もの》を考《かんが》えた
Iさんにはソフト『スーパーマ
リオブラザーズ ワンダー』を
プレゼントしちゃうぞ！

Web宿題《ウェブしゅくだい》

お題《だい》63 先生《せんせい》にギリギリ怒《おこ》られないことを言《い》ってください

優秀賞 **黒板舐《こくばんな》めておきました** 埼玉県／シュールストレミング

先生《せんせい》の前世《ぜんせ》ってちりとりっぽいよね 兵庫県／びくり

こういう訳《わけ》があるから殴《なぐ》ったんすよ 広島県／ウォーデン

ペンパイナッポーアッポーペン 東京都／爆発まんた

お題《だい》64 ゴールデンウィークに新《あら》たに加《くわ》わる祝日《しゅくじつ》の名前《なまえ》を答《こた》えなさい

優秀賞 **登校猶予《とうこうゆうよ》の日《ひ》** 東京都／まぐろ

誰《だれ》かが笑《わら》った記念日《きねんび》 埼玉県／引き抜きにくい釘

イス日《び》 大阪府／美味しいカメラ

アルミホイル感謝《かんしゃ》の日《ひ》 新潟県／とんじる

今月《こんげつ》の宿題《しゅくだい》

お題《だい》は全部《ぜんぶ》で3つ！ 爆笑回答《ばくしょうかいとう》を投稿《とうこう》しよう!!

今月《こんげつ》の募集《ぼしゅう》は図工《ずこう》、社会《しゃかい》、道徳《どうとく》。今回《こんかい》はイラストづくしの3本勝負《ぼんしょうぶ》！　笑《わら》わせれば勝《か》ち！

募集《ぼしゅう》 図工《ずこう》

「ひと夏《なつ》の思《おも》い出《で》に残《のこ》るほどアホな打《う》ち上《あ》げ花火《はなび》をイラストで描《か》きなさい」

夜空《よぞら》にアホな花火《はなび》を打《う》ち上《あ》げろ！

募集《ぼしゅう》 社会《しゃかい》

「アホアホ祭《まつり》で大人気《だいにんき》の屋台《やたい》をイラストで描《か》きなさい」

募集《ぼしゅう》 道徳《どうとく》

「まったく怖《こわ》くない心霊写真《しんれいしゃしん》をハガキに描《か》いて完成《かんせい》させなさい」

ハガキに下《した》の恐山先生《おそれざんせんせい》を切《き》り取《と》ってはって心霊写真《しんれいしゃしん》を作《つく》っても、恐山先《おそれざんせん》生《せい》を使《つか》わないオリジナルの心霊写真《しんれいしゃしん》を作《つく》っても、どちらでもOK《オーケー》！

なにか気配《けはい》を感《かん》じる……。撮《と》った写真《しゃしん》を見返《みかえ》したら……これは!?

▲恐山先生《おそれざんせんせい》を使《つか》う場合《ばあい》は点線《てんせん》でキレイに切《き》り取《と》ってハガキにはってね。

コロコロ編集部《へんしゅうぶ》だより

心霊写真《しんれいしゃしん》は道徳《どうとく》のカテゴリなのか？とおもいつつ、恐山先生《おそれざんせんせい》イジリはきっと道徳《どうとく》にちがいないという判断《はんだん》でした。

アホの祭《まつり》…。とんでもなさそうだ…。

@オモボイス
面白《おもしろ》すぎて、鼻水噴射《はなみずふんしゃ》した！
9歳 男性

@オモボイス
オモコロおもしろすぎておなくなり。
11歳 男性

コインランドリー

2024年《ねん》コロコロ6月号掲載《がつごうけいさい》

その頃《ころ》、オモコロチャンネルでは…

◀伝説《でんせつ》のおしっこラップグループがシーンに殴《なぐ》り込《こ》み！　緻密《ちみつ》なリリックと中毒性《ちゅうどくせい》バツグンのグルーヴでミリオンを達成《たっせい》した。

「NYO SWORD《ニョーソード》」・シッコマン イン ザ パーティ

web宿題《ウェブしゅくだい》　今月《こんげつ》のスローガン

「短《たん》パン小僧《こぞう》のはるやすみ」
鳥取県／ルイージダイエット

「ポトンと落《お》ちるウンコの話《はなし》」
愛知県／マンディブ

「逆立《さかだ》ちババァが待《ま》っている」
和歌山県／Bババブオ

みんなは逆立《さかだ》ちしながらオシッコをしたことはある？　僕《ぼく》はあるよ。２回《かい》あるよ。１回目《かいめ》は好奇心《こうきしん》でやってみて、２回目《かいめ》は自分《じぶん》の誕生日《たんじょうび》に暇《ひま》すぎてやったんだ。どう？　かっこいいだろ？　別《べつ》に泣《な》いてないよ？　やめろよ。そんな目《め》で見《み》るなよ。

今月《こんげつ》の優秀《ゆうしゅう》スローガン

「寝《ね》てる校長《こうちょう》にキスしよう」

優秀賞《ゆうしゅうしょう》

静岡県／見た目天才中身ヘンタイ

校長《こうちょう》だって好《す》きな人《ひと》とキスしたいはずだけど、きっと校長《こうちょう》はみんなのことが大好《だいす》きだから、忘《わす》れられない素敵《すてき》なキスになるかもね！　このキスは本当《ほんとう》だったのか、それとも夢《ゆめ》だったの…？

恐山先生《おそれざんせんせい》の授業《じゅぎょう》はじまるよ！

@オモボイス

僕《ぼく》がオモコロに載《の》っていた時《とき》はマジでびっくりして、周《まわ》りの友《とも》だちに自慢《じまん》しまくった！　ありがとうございます。

11歳 男性

お題《だい》65

「織田信長《おだのぶなが》のミドルネームを考《かんが》えなさい。」

(例《れい》)織田《おだ》・レインボー・信長《のぶなが》

織田信長《おだのぶなが》って日本《にっぽん》で
最初《さいしょ》にバナナを食《た》べた
説《せつ》があるらしいですよ。
全然関係《ぜんぜんかんけい》ないけど。

おだ・チーズ
サーモン・
のぶなが

神奈川県／I.A

▶(恐)あぶり豚《ぶた》カルビ信長《のぶなが》でもいいかも。

優秀賞《ゆうしゅうしょう》

福島県／金スキー

織田《おだ》・左顔《ひだりがお》・信長《のぶなが》

▲(恐)あの肖像画《しょうぞうが》は偶然《ぐうぜん》じゃなくて名前《なまえ》にちなんでいた!?

神奈川県／I.K

織田・
天下取りかけ・
信長

◀(恐)あとちょっとで「天下《てんか》とったよ・信長《のぶなが》」になれたのに……。

愛知県／ごわごわりんご

織田・ごわごわす
しょうかんのりんご・
信長

◀(恐)ひとくち食《た》べて「ハズレのやつだ」って気《き》づく食感《しょっかん》。

佐賀県／H.Y

おだ・ナッツパー
ナッツ・のぶ長
ナッツー

◀(恐)ナッツって口《くち》に出《だ》すと気持《きも》ちいいですよね。

お題《だい》66

「世界一珍《せかいいちめずら》しいカタツムリの殻《から》の部分《ぶぶん》を描《か》きなさい」

?

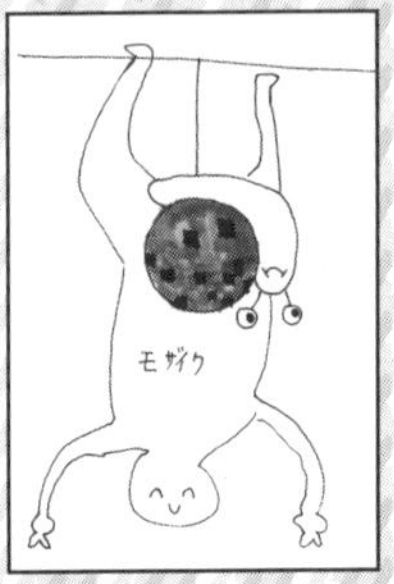

モザイク

三重県／にく

▲(原)なぜこんなに無駄《むだ》なアクロバティックな真似《まね》を!?

人のあたま

大阪府／H.N

▲(原)珍《めずら》しいっていうか、このまま野放《のばな》しにしてはいけない感《かん》じがする。

からは、なめくじ

東京都／メンフクロウ

▲(原)まさかのコラボ。どうやってなめくじを説得《せっとく》したのか気《き》になるな。

かたつむりって寄生虫《きせいちゅう》がついてたりするから触《さわ》ったらマジで手《て》を洗《あら》ったほうがいいらしいね！
マジのマジのマジで。マジのマジのマジで手《て》を洗《あら》おうね!!!!

優秀賞《ゆうしゅうしょう》W《ダブル》入選《にゅうせん》！

優秀賞《ゆうしゅうしょう》
愛知県／コーティー

優秀賞《ゆうしゅうしょう》
東京都／にゃん子

▲原たくましさ、さみしさ、むなしさ、色《いろ》んな感情《かんじょう》が心《こころ》に生《う》まれました。

◀原宇宙《うちゅう》の理髪店《りはつてん》を背負《せお》うカタツムリって神話《しんわ》っぽくてすげー！

お題《だい》67

「恐山先生《おそれざんせんせい》がCM《シーエム》出演《しゅつえん》！ 何《なに》を宣伝《せんでん》している？ 商品名《しょうひんめい》と商品《しょうひん》の絵《え》を描《か》きなさい」

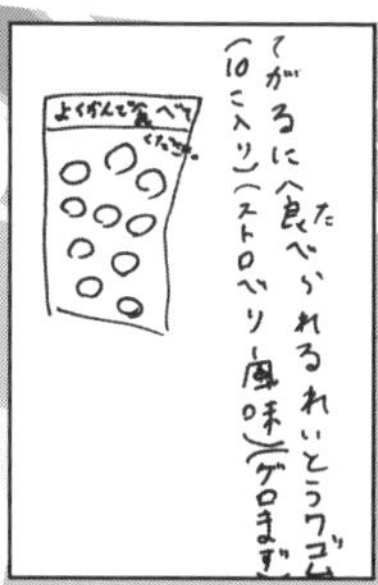
よくかんで食べてください
てがるに食《た》べられるれいとうワゴム(10こ入り)(ストロベリー風味)ゲロまず
東京都／ほんれん草パフェ

▲永ストロベリー風味《ふうみ》でもゲロマズなんかい！　じゃあ売《う》るな！

商品名：あおってくる足が生えたルービックキューブ
神奈川県／なげーいも

▲永解《と》けなかったら屈伸《くっしん》で煽《あお》ってくるルービックキューブ、ちょっと欲《ほ》しいかも。

首
オマエモ
コウナレ
埼玉県／名犬ポチ公

▲永自分《じぶん》の首《くび》を!?　誰《だれ》が誰《だれ》に何《なに》を宣伝《せんでん》してるの!?

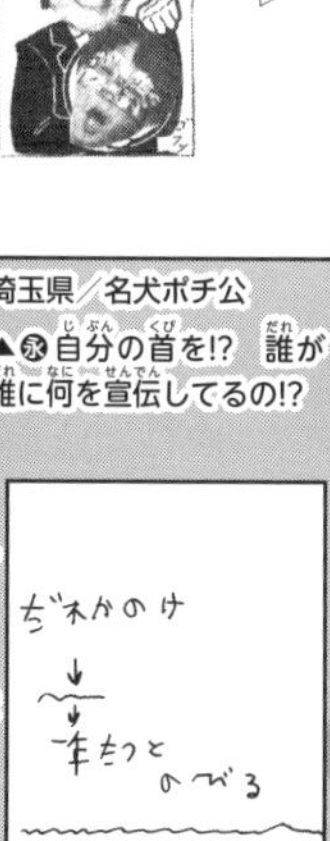
栃木県／ローマ人

▶永伸《の》びたから何《なん》なんだよ!!　ますますいらないよ!!

広告代理店《こうこくだいりてん》のみなさん、本当《ほんとう》にCM《シーエム》待《ま》ってます!!!

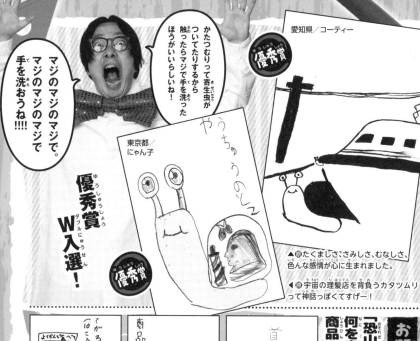

兵庫県／H.K

あのでべそがアクリルキーホルダーになった！ ランドセルにつけて24時間《じかん》持《も》ち歩《ある》こう！　そして友達《ともだち》を失《うしな》ってカレー食《く》って寝《ね》よう！

◀㊩ただでさえいらないのに、中古《ちゅうこ》だと変《へん》な念《ねん》もこもってそうでイヤ！

今月《こんげつ》の最優秀《さいゆうしゅう》賞《しょう》

でべそのアクキー（中《ちゅう》古《こ》）でソフト『マリオvs.《ブイエス》ドンキーコング』&《アンド》オモコロ下敷《したじ》きをプレゼント！　H君《くん》おめでとう!!

大分県／はっくつ名人

▶㊊消費電力《しょうひでんりょく》はふつうの電子《でんし》レンジといっしょだったら嫌《いや》だな。

優秀《ゆうしゅう》賞《しょう》

大豆《だいず》を1個《こ》だけチンするの面白《おもしろ》い！ 熱々《あつあつ》になった豆《まめ》は鬼《おに》に投《な》げつけよう！

Web宿題《ウェブしゅくだい》

お題《だい》68　吊《つ》るすと晴《は》れるのはてるてる坊主《ぼうず》ですが、吊《つ》るすと大雨《おおあめ》になるのは何《なん》でしょう？

優秀《ゆうしゅう》賞《しょう》 **牛《ぎゅう》タン**　滋賀県／蕎麦つゆ愛好家

焦《こ》げたしめ縄《なわ》　青森県／猫山茶介

ぎゃくウンコ　東京都／スイミング太朗

お題《だい》69　「起立《きりつ》・○○・礼《れい》」の○○を埋《う》めなさい　（例《れい》）起立《きりつ》・号泣《ごうきゅう》・礼《れい》

優秀《ゆうしゅう》賞《しょう》 **起立《きりつ》・豚骨《とんこつ》くさいじいさんの、げ〜〜〜〜ぷ!!・礼《れい》**　神奈川県／メガネ25号

起立《きりつ》・土下座《どげざ》、床舐《ゆかな》めて・礼《れい》　兵庫県／ようちゃん

起立《きりつ》・歯医者《はいしゃ》の予約《よやく》・礼《れい》　東京都／おめがちゃん

今月《こんげつ》の宿題《しゅくだい》

お題《だい》は全部《ぜんぶ》で3つ！ 爆笑回答《ばくしょうかいとう》を投稿《とうこう》しよう!!

今月《こんげつ》の募集《ぼしゅう》は国語《こくご》、社会《しゃかい》、自由研究《じゆうけんきゅう》。夏休《なつやす》みの宿題《しゅくだい》っぽいお題《だい》に挑戦《ちょうせん》してみてね！

募集《ぼしゅう》 国語《こくご》

「寝《ね》てるときに蚊《か》が耳元《みみもと》で言《い》い残《のこ》していった言葉《ことば》を書《か》きなさい」

?
血《ち》を吸《す》うし羽音《はおと》がうるさいアイツが、まさかこんなことを言《い》うなんて!?

募集《ぼしゅう》 社会《しゃかい》

「アホアホ小学校《しょうがっこう》に伝《つた》わるアホな七不思議《ななふしぎ》をひとつ書《か》きなさい」

アホアホ

▶みんなの考《かんが》えた不思議《ふしぎ》を7つにまとめてみるぞ！

怖《こわ》いはずの七不思議《ななふしぎ》たけど、
みんなからはアホな
不思議《ふしぎ》を頼《たの》むぜ！

募集《ぼしゅう》 自由研究《じゆうけんきゅう》

「夏休《なつやす》み中《ちゅう》に原宿先生《はらじゅくせんせい》が何《なに》をしていたかイラストで描《か》きなさい」

今年《ことし》の夏《なつ》は何《なに》をしようかなあ。セミを凶暴化《きょうぼうか》させようかなあ。みんなのアイデアも送《おく》ってね！

▲ハガキに上《うえ》の原宿先生《はらじゅくせんせい》の顔《かお》を切《き》り取《と》って貼《は》って使《つか》っても、原宿《はらじゅく》先生《せんせい》の似顔絵《にがおえ》を描《か》いてもどちらでもOK《オーケー》！

コロコロ編集部《へんしゅうぶ》だより

原宿先生《はらじゅくせんせい》の写真《しゃしん》ネタも人気《にんき》コンテンツのひとつ。小学生《しょうがくせい》の何《なに》をゆさぶるのか、今後《こんご》の研究課題《けんきゅうかだい》だったりします。

オ @オモボイス

**何《なん》の理由《りゆう》でオモコロを開《ひら》いているのですか?
お仕事頑張《しごとがんば》って下《くだ》さい。**

9歳 男性

オ @オモボイス

面白《おもしろ》い人《ひと》になる為《ため》の授業《じゅぎょう》をしてほしい。

8歳 男性

人物紹介《じんぶつしょうかい》 国語《ご》

ダ・ヴィンチ・恐山《ダ・ヴィンチ・オソレザン》

小説《しょうせつ》を出版《しゅっぱん》し「カリスマ」「鬼才《きさい》」「鬼才界《きさいかい》のカリスマ」とも称《しょう》される国語教師《こくごきょうし》だ！

仮面《かめん》をつけているように見《み》えるが、実《じつ》は新種《しんしゅ》のアメフラシ。裏側《うらがわ》はタマゴでいっぱいだと言《い》われている。

読書《どくしょ》が大好《だいす》きで、暇《ひま》さえあれば本《ほん》を読《よ》んでいる。最近《さいきん》はカレーメシの成分表《せいぶんひょう》を読《よ》んで感動《かんどう》のあまり号泣《ごうきゅう》していた。

全身《ぜんしん》のスーツには合計《ごうけい》12000本《ぼん》のトゲが仕込《しこ》んであり、スイッチを入《い》れると飛《と》び出《だ》してくる。ただしスーツの内側《うちがわ》に飛《と》び出《だ》すので、スイッチを入《い》れると死《し》ぬ。

歯《は》に挟《はさ》まったニラを舌《した》の先《さき》で探《さが》していたら舌《した》が迷《まよ》ってしまい、３か月後《げつご》に南米《なんべい》エクアドルで衰弱状態《すいじゃくじょうたい》のところを保護《ほご》されたことがある。ニラは依《い》然《ぜん》として行方不明《ゆくえふめい》。

ずっと愛用《あいよう》していたマラカスの中身《なかみ》をふと割《わ》って覗《のぞ》いてみたら、5ミリメートルの小《ちい》さいお地蔵《じぞう》さんがたくさん詰《つ》まっていたことがある。

特別《とくべつ》まんが「ダ・ヴィンチ・恐山先生《おそれざんせんせい》のおすすめ」作《さく》／ぺろり

激《げき》レアグッズ
でべその
キーホルダー!!
じゃんっ
中古《ちゅうこ》なので
ずっとセール中《ちゅう》
買《か》わなきゃ損《そん》!!
次《つぎ》のCM《シーエム》も
コイツかよ。
ズコーッ
でべそのアクキー(中古)
てがるに食《た》べられるれいとうワゴム(10こ入り)(ストロベリー風味)ゲロまず
まだできないんスかー?
商品名:おおってくる足が生えたルービックキューブ
よわ~いw
シャッ
シャッ
スキップしても
恐山《おそれざん》の広告《こうこく》が
どんどん出《で》てくる!!
これでさいごか?!
ザッ
ザザザ
ツギノ…、
ショウヒンハ…、
コチラ…。

あなたの首《くび》です。
鬼《おに》ヤバーーーッ!!
首
オマエモコウナレ
ARuFa《アルファ》先生《せんせい》…。
…先生《せんせい》。
起《お》きてください ARuFa《アルファ》先生《せんせい》!!
ビクッ
ンガ?!
何寝《なにね》ぼけてるんですか、しっかりしてください。
えッ夢《ゆめ》…!?

ARuFa《アルファ》先生《せんせい》もいかがですか〜?
ななな…、
生首《なまくび》━━!??
ポタ…
ポタ…
学校《がっこう》の畑《はたけ》でとれたスイカですよ…、
ってアレ?
おとしてわれた。
動画《どうが》の見《み》すぎですな。

2024年《ねん》コロコロ7月号掲載《がつごうけいさい》

その頃《ころ》、オモコロチャンネルでは…

◀コロコロコミック創《そう》刊《かん》555号《ごう》の発売日《はつばいび》当日《とうじつ》、オモコロメンバーはガリに無限《むげん》の可能性《かのうせい》を見出《みいだ》していた。ガリバターロール、イケる。

寿司《すし》の脇役《わきやく》「ガリ」を主役《しゅやく》にした料理《りょうり》を作《つく》るガリよぉ〜!

web宿題《ウェブしゅくだい》　今月《こんげつ》のスローガン

「みんながみんなほうれん草《そう》ではない」
広島県／みっつ

「足《あし》でクレーンゲームできますか?」
神奈川県／ゆう

「世界《せかい》のすべてのガムをめちゃくちゃクチャクチャ噛《か》む」
東京都／たいが

「科学者《かがくしゃ》になる」
愛知県／ゆうちょ

言葉《ことば》が勇気《ゆうき》を生《う》み、勇気《ゆうき》が言葉《ことば》を生《う》む。「世界《せかい》の全《すべ》てのガムを噛《か》みたい」と思《おも》ったなら、大声《おおごえ》でお隣《となり》のおばさんにそのことを叫《さけ》んでみよう!きっと向《む》こうも大声《おおごえ》で返《かえ》してくれるはず!

今月《こんげつ》の優秀《ゆうしゅう》スローガン

「ドライヤーのおとで、ねむれん!!」

神奈川県／ごぼうは、せいいぎ

心中《しんちゅう》お察《さっ》ししま〜す!!!!

優秀賞《ゆうしゅうしょう》

ARuFa《アルファ》先生《せんせい》の授業《じゅぎょう》からスタート!

オ
@オモボイス

他《ほか》の小学生《しょうがくせい》ってう○こち○こばっかなんだって思《おも》いました
10歳　男性

お題《だい》70

「目隠《めかく》しをしている人《ひと》が何《なに》を割《わ》ろうとしているか、【?】の部分《ぶぶん》をイラストで描《か》きなさい」

?

この夏《なつ》に皆《みんな》が割《わ》ってみたいものが集《あつ》まったぞ!!

ああ…みんな、
今までありがとう。
楽しかったよ
ここでお別れだ。
またどこかでー

優秀《ゆうしゅう》賞《しょう》

秋田県／
サイコロステーキ先輩

◀Ⓐこんな悲《かな》しそうなスイカ割《わ》れねーよ！と思《おも》ったけど、涙《なみだ》でしょっぱいスイカも美味《うま》そうだからやっぱり全力《ぜんりょく》で割《わ》ろう！

兵庫県／N.Y

人が作ったすなの城
わり！

▲Ⓐせめて自分《じぶん》が作《つく》った城《しろ》にしろ！

広島県／O.S

きらいな
食べ物わり

▲Ⓐそのラインナップにブタ入《い》れるの恐《おそ》ろしっっ。

千葉県／G.T

トイレ

▲Ⓐしょんべんまみれの夏《なつ》にする気《き》か!?

愛知県／コーティー

ちくワイン
割り
チョコ風味

▲Ⓐ何《なん》だかよくわかんね～飲《の》み物《もの》を割《わ》るな!!

長崎県／Y

4 ÷ 3

▲Ⓐ割《わ》れねぇ―― !!!!!!

お題《だい》71

「金魚《きんぎょ》すくいより大人気《だいにんき》の『○○すくい』をイラストで描《か》きなさい」

?

パイ?!

北海道／O.A

▲(加)パイ!?　パ…パァイ!?パ…パパパ……プゥワァイ!?

小人があおってる
やつすくい
クズめ

大阪府／プリン

▲(加)煽《あお》り野郎《やろう》は救《すく》う価値《かち》なし。

すくうやつのすくうやつの
すくい!
失敗者増しゅつ!!
大人気!!

滋賀県／危険だなぁ

▲(加)失敗《しっぱい》すると手痛《ていた》いけど、取《と》れれば一生《いっしょう》すくい続《つづ》けられる!?

今月《こんげつ》の
最優秀賞《さいゆうしゅうしょう》

期待《きたい》の新生《しんせい》あっすーなさんにはソフト『マリオVS《ヴイエス》. ドンキーコング』と特製下敷《とくせいしたじ》きをプレゼント！

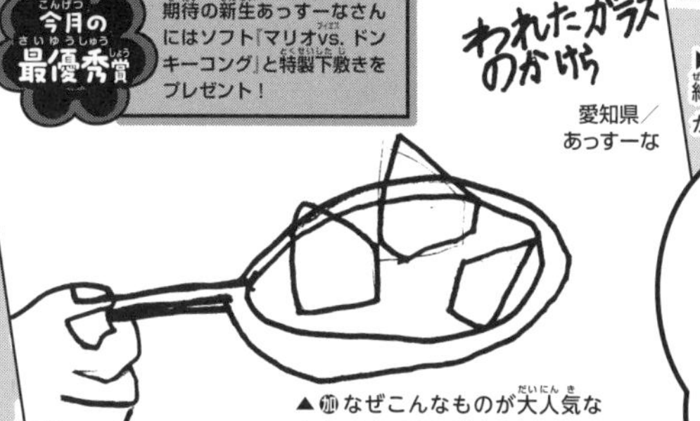

愛知県／あっすーな

▲加 なぜこんなものが大人気《だいにんき》なのか、そもそもなぜすくうのか…。すべてが謎《なぞ》だぜ…。

兵庫県／マッツー

▶加 すくってあげてー!! 絶対困《ぜったいこま》ってるから!! 誰《だれ》か知《し》らないけれど。

埼玉県／真実の名無し

▲加 かっけぇ～…マジかっけぇすワ。

お題《だい》72

「この恋愛小説《れんあいしょうせつ》の『？』の部分《ぶぶん》のセリフを文字《もじ》で埋《う》めなさい」

「私《わたし》たち別《わか》れよう。」
「？」
雨《あめ》が降《ふ》ってきた…。

埼玉県／ぴろて

「私《わたし》たち別《わか》れよう。」
「これがWiFiのパスワード…!?」
雨《あめ》が降《ふ》ってきた…。

▲恐「wakaretakunai（わかれたくない）に書《か》き換《か》えておこう！」

大阪府／H.S

「私《わたし》たち別《わか》れよう。」
「ワンダフルデーミーグラス」
雨《あめ》が降《ふ》ってきた…。

▲恐 よくわかんないけどフラれて当然《とうぜん》なのはわかった！

福島県／不可抗力

「私《わたし》たち別《わか》れよう。」
「わかったさよならパピコの左」
雨《あめ》が降《ふ》ってきた…。

▲恐 カップルに人気《にんき》のつながったパピコそれぞれに別《わか》れのストーリーが…名作文学《めいさくぶんがく》！

◀永 何《なに》言《い》われてもこれくらいの気《き》持《も》ちでいたいよな！

優秀《ゆうしゅう》賞《しょう》

「私《わたし》たち別《わか》れよう。」「ヨッシャッ!!ヨッシャッ!!ヨッッシャァー!!」雨《あめ》が降《ふ》ってきた…。

元気《げんき》なバカで最高《さいこう》!!

神奈川県／I.A

▼恐 映画《えいが》化《か》したら予告編《よこくへん》で使《つか》われること間違《まちが》いなし！

「私《わたし》たち別《わか》れよう。」「やどかりぼうや」雨《あめ》が降《ふ》ってきた…。

優秀《ゆうしゅう》賞《しょう》

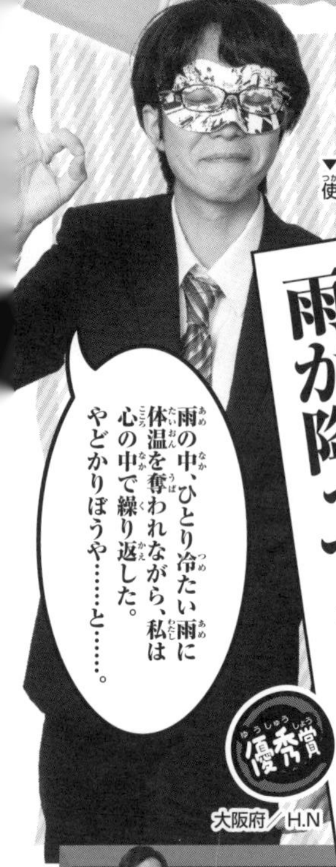

雨《あめ》の中《なか》、ひとり冷《つめ》たい雨《あめ》に
体温《たいおん》を奪《うば》われながら、私《わたし》は
心《こころ》の中《なか》で繰《く》り返《かえ》した。
やどかりぼうや……と……。

大阪府／H.N

Web宿題《ウェブしゅくだい》

お題《だい》73 そんなんで保健室《ほけんしつ》にくるな。どんな理由《りゆう》？

優秀《ゆうしゅう》賞《しょう》 **絆創膏《ばんそうこう》で少年《しょうねん》らしくする** 愛知県／いちご太郎

「今日何曜日《きょうなんようび》?」と聞《き》きにくる 愛知県／海鮮丼

味噌《みそ》ラーメン食《た》べにきた 埼玉県／売買損益

あほなじょうたい 東京都／日産ノートオーラgfour

お題《だい》74 プールでのお約束《やくそく》、「走《はし》らない・ふざけない」あと1つは何《なに》？

優秀《ゆうしゅう》賞《しょう》 **他人《たにん》のけつをほおばらない** 埼玉県／あやしいコーヒーゼリー

破《やぶ》ったら命《いのち》の保証《ほしょう》はない 千葉県／猫ミームハッピーハッピー

プリンのカップを、もってこない 神奈川県／ドライヤーの音～

今月《こんげつ》の宿題《しゅくだい》

お題《だい》は全部《ぜんぶ》で3つ！ 爆笑回答《ばくしょうかいとう》を投稿《とうこう》しよう!!

今月盛《こんげつも》り上《あ》がった国語《こくご》の小説問題《しょうせつもんだい》を再《ふたた》び募集《ぼしゅう》！　図工《ずこう》と理科《りか》もオモロ回答《かいとう》まってるぜ!!

募集《ぼしゅう》 国語《こくご》

「この推理小説《すいりしょうせつ》の『？』の部分《ぶぶん》のセリフを文字《もじ》で埋《う》めなさい」

「犯人《はんにん》はお前《まえ》だ！」

「何《なに》か証拠《しょうこ》はあるのか？」

「？」

「私《わたし》の負《ま》けだ…。」

サイレンの音《おと》が近《ちか》づいた…。

容疑者《ようぎしゃ》を屈服《くっぷく》させてしまった、予想外《よそうがい》でアホな一言《ひとこと》とは!?

募集《ぼしゅう》 理科《りか》

「夏《なつ》に『ピニピニピニ…』と草《くさ》むらから鳴《な》き声《こえ》が！ 一体何《いったいなん》なのかイラストで描《か》きなさい」

目《め》を閉《と》じて、ピニピニをイメージしてみよう！

募集《ぼしゅう》 図工《ずこう》

「この銅像《どうぞう》が考《かんが》えているものを書《か》きなさい」

もしかしたらアホなことを考《かんが》えているのかもしれない…。

コロコロ編集部《へんしゅうぶ》だより

小学生《しょうがくせい》には難《むずか》しいと思《おも》われた、恋愛《れんあい》小説《しょうせつ》のお題《だい》への理解度《りかいど》が高《たか》くて編集部《へんしゅうぶ》一同《いちどう》おどろき。さすがオモコロ生徒《せいと》。

オ @オモボイス

友《とも》だちが、オモコロのしたじきのすごろくもっててやったら、昼休《ひるやす》みが、楽《たの》しかったです。

10歳 男性

オ @オモボイス

4月号《がつごう》の優秀賞《ゆうしゅうしょう》「つまようじが蛇《へび》を猫《ねこ》にする」の話《はなし》ですがどうやって猫《ねこ》にしてんねん！

7歳 男性

ダ・ヴィンチ・恐山先生《おそれざんせんせい》の大喜利講座《おおぎりこうざ》

#4 ボケは一撃必殺《いちげきひっさつ》と心得《こころえ》ろ！

大喜利《おおぎり》は「言《い》い方《かた》」「見《み》せ方《かた》」がとても大事《だいじ》だ。どんなに面白《おもしろ》い発想《はっそう》も、文章《ぶんしょう》や絵《え》の見《み》せ方《かた》がイマイチだとパワーを失《うしな》う。肝《きも》に銘《めい》じるのは**「ボケはシンプルに、一撃必殺《いちげきひっさつ》で決《き》める」**ということ。長々《ながなが》と説明《せつめい》するより、勢《いきお》いよく一瞬《いっしゅん》で笑《わら》わせることが大事《だいじ》だ。

たとえば、「こんな給食《きゅうしょく》は嫌《いや》だ！」というお題《だい》に**「給食《きゅうしょく》の時間《じかん》がめちゃくちゃ短《みじか》くて、ゆっくり食《た》べられない」**というアイデアを思《おも》いついたとしよう。これを**「給食《きゅうしょく》を食《た》べられる時間《じかん》がすごく短《みじか》いから、牛乳《ぎゅうにゅう》を飲《の》んでる間《あいだ》に終《お》わっちゃって、全部《ぜんぶ》食《た》べれなくて……」**とごちゃごちゃ説明《せつめい》してしまうと、せっかくの面白《おもしろ》さが失《うしな》われてしまう。じっくり聞《き》いているうちに相手《あいて》が冷静《れいせい》になってしまわないよう、不意打《ふいう》ちを食《く》らわせよう。なんなら、こんな答《こた》え方《かた》もアリだ。

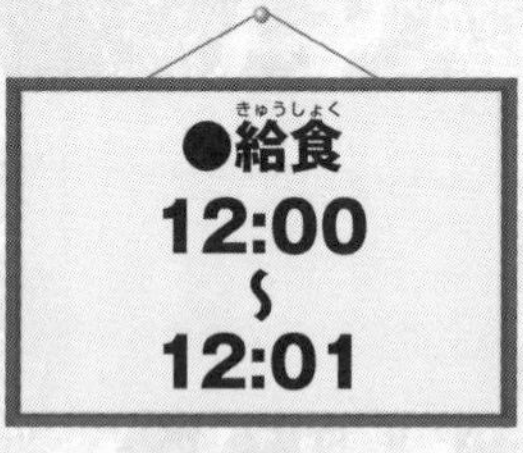

見《み》た人《ひと》は一瞬《いっしゅん》「えっ」と思《おも》い、そのあとで**「いや、時間短《じかんみじか》すぎ！」**とツッコむ。余計《よけい》な説明《せつめい》はできるだけ省《はぶ》いて一番《いちばん》ストレートでインパクトがある言葉《ことば》を使《つか》おう。**絵《え》でボケるときも同《おな》じで、「1種類《しゅるい》のボケだけを」「わかりやすく大《おお》きく描《えが》く」ことで攻撃力《こうげきりょく》は最大《さいだい》になる。**

ボケは「一撃必殺《いちげきひっさつ》」、一瞬《いっしゅん》の衝撃《しょうげき》を大事《だいじ》にしてみよう。

2024年《ねん》コロコロ8月号掲載《がつごうけいさい》

その頃《ころ》、オモコロチャンネルでは…

◀謎企画《なぞきかく》なのに「なんか家《いえ》にずっとあるもの」というお題《だい》に感《かん》じざるを得《え》ないノスタルジックな良《よ》さ。思《おも》わず自室《じしつ》を漁《あさ》ってしまった。

仕込《しこ》み禁止《きんし》! 自宅《じたく》のモノを手札《てふだ》にしてデュエル! 私物《しぶつ》バトル!!

web《ウェブ》宿題《しゅくだい》　今月《こんげつ》のスローガン

「ウンコ-1.0《マイナスワン》」
鹿児島県／たろべー

「雑魚《ざこ》が天才《てんさい》じゃなくなった」
東京都／日産ノートオーラ Gfour

「もやしとお茶《ちゃ》はとても合《あ》う」
神奈川県／おちぇい

今月《こんげつ》の放課後《ほうかご》クラブのスローガンだ! 君《きみ》も気《き》になる言葉《ことば》があったら紙《かみ》に書《か》いて机《つくえ》に貼《は》ってみよう! 資本主義社会《しほんしゅぎしゃかい》は、そうやって際限《さいげん》なく個人《こじん》の克己心《こっきしん》を要求《ようきゅう》してくるからね!

今月《こんげつ》の優秀《ゆうしゅう》スローガン

「ハチョの呪《のろ》い」

鹿児島県／あなごせいじん

優秀賞《ゆうしゅうしょう》

ハチョって何《なに》〜〜〜!? 幼児語《ようじご》のハト?? 幼児《ようじ》が初《はじ》めて喋《しゃべ》った言葉《ことば》がもしこれだとしたら怖《こわ》すぎるよね〜〜〜!? 違《ちが》う?!?? さすがに違《ちが》うか!? それとも違《ちが》わない?!! どっち?!!

2つのお題《だい》を同時《どうじ》に紹介《しょうかい》!

オ @オモボイス

黒板《こくばん》舐《な》めておきました。

10歳 男性

お題《だい》75

「ひと夏《なつ》の思《おも》い出《で》に残《のこ》るほどアホな打《う》ち上《あ》げ花火《はなび》をイラストで描《か》きなさい」

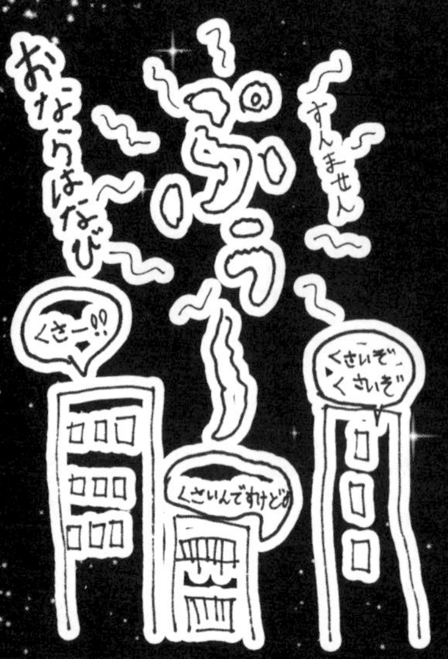

茨城県／ちとこた

▲Ⓐ小《ちい》さくあやまってるのも含《ふく》めて最高《さいこう》！あやまるならそんな花火《はなび》上《あ》げんな！

東京都／さくらもち

▼Ⓐめっちゃアホ！　皮《かわ》がむいてあるのもアホ！最高《さいこう》！

お題《だい》76

「誰《だれ》もならばなかった屋台《やたい》はどんなものかハガキに描《か》いてください」

優秀賞《ゆうしゅうしょう》

埼玉県／T

▲㊍ひとりでいい…ひとりでも漏《も》れそうな大富豪《だいふごう》がいれば…！

愛知県／コーティー

▲㊍人気《にんき》だけど並《なら》ばずに周《まわ》りに集《あつ》まるだけ。なんて気前《きまえ》のいい屋台《たい》なんだ！

香川県／シャカシャカチキン

▲㊍遠《とお》くからQR《キューアール》コードで。後日《ごじつ》、焼《や》きそばとかが家《いえ》に送《おく》られてくる。

夏《なつ》の思《おも》い出《で》が台無《だいな》しになるようなアホ花火《はなび》が届《とど》いたぞ！
とんでもない技術《ぎじゅつ》の無駄《むだ》づかいでお知《し》らせの花火《はなび》あげるな！
花火は以上です

神奈川県／I.A

▶Ⓐわざわざ教《おし》えてくれるのやさしっ！

おだやかなひび屋

ゲザワ
ゲボのはへんすくい
ゲボのはへんすくい
ザワ
たかしー

アホアホ祭で大人気の屋台
ATM
お金たくさんあるよー

茨城県／ちとこた

▲加最高過《さいこうす》ぎる…おだやかな日々《ひび》が祭《まつ》りで買《か》えるなんて…。

優秀賞《ゆうしゅうしょう》

宮城県／大トロのみそづけ

▲加アホだから、誰《だれ》かのゲボを見《み》に来《き》ちゃうよね。ゲボの破片《はへん》？すくう？

茨城県／うんこたけのこ

▲加無人《むじん》でいいのに、おっさんを挟《はさ》む必要《ひつよう》ないだろ！　暗証番号《あんしょうばんごう》見《み》られんなよ！

今月《こんげつ》の最優秀賞《さいゆうしゅうしょう》

ちとこたさんのおだやかなひびを楽《たの》しくするゲームソフト『マリオ vs. ドンキーコング』と特製下敷《とくせいしたじ》きをプレゼント！

お題《だい》77

「まったく怖《こわ》くない心霊写真《しんれいしゃしん》をハガキに描《か》いて完成《かんせい》させなさい」

優秀賞《ゆうしゅうしょう》
私が育てたトマトです。

神奈川県／I・K

△恐でも、よく考《かんが》えたら、私《わたし》が育《そだ》てていたトマトなんて最初《さいしょ》からいなかったんですよ…………。

最近《さいきん》の幽霊《ゆうれい》は消《け》しゴムマジックで消《け》されちゃうから大変《たいへん》らしいです！

▶恐親切《しんせつ》で心配《しんぱい》性《しょう》な人《ひと》の幽霊《ゆうれい》なのかも。

入学式
優秀賞《ゆうしゅうしょう》

▼恐どれが幽霊《ゆうれい》!?　子《こ》ども？　UFO《ユーフォー》？　それとも……学校《がっこう》そのものが……!?

埼玉県／K.K

山口県／Y.Y

はいぜんれい

北海道／チーアンドえま

◀恐背後霊《はいごれい》ならぬ背前霊《はいぜんれい》！ジャマすぎ！

Web宿題《ウェブしゅくだい》

お題《だい》78　「お父《とう》さん」を使《つか》って五《ご》・七《しち》・五《ご》の川柳《せんりゅう》を書《か》きなさい

優秀賞《ゆうしゅうしょう》 **お父《とう》さん トイレで転《ころ》び 泣《な》き叫《さけ》ぶ** 愛知県／ほぼ初心者

お父《とう》さん新《しん》お父《とう》さんお父《とう》さん 東京都／???

ほとんどの きおくをなくした お父《とう》さん 東京都／肉

お父《とう》さん 勇気《ゆうき》を持《も》って 声《こえ》を出《だ》せ 長崎県／ねこのえさ

お題《だい》79　アイスの棒《ぼう》に書《か》かれていたら嫌《いや》な言葉《ことば》を答《こた》えなさい

優秀賞《ゆうしゅうしょう》 **金玉《きんたま》カーニバル美術館《びじゅつかん》の招待券《しょうたいけん》** 神奈川県／ yossy

あたり……………… 一面火《いちめんひ》の海《うみ》※ 神奈川県／爆発・・・

カレイの卵《たまご》が入《はい》っています 神奈川県／ ATR

※読《よ》みやすくするために編集部《へんしゅうぶ》で修正《しゅうせい》を加《くわ》えてあります。

今月《こんげつ》の宿題《しゅくだい》

お題《だい》は全部《ぜんぶ》で3つ！ 爆笑回答《ばくしょうかいとう》を投稿《とうこう》しよう!!

今月《こんげつ》は国語《こくご》と社会《しゃかい》と道徳《どうとく》を大募集《だいぼしゅう》！ オモロな回答《かいとう》だったらどんな内容《ないよう》でもOK《オーケー》!!

募集《ぼしゅう》 国語《こくご》

「YouTuber《ユーチューバー》コロキンがスーツで謝罪《しゃざい》。何《なに》をしたのか書《か》きなさい」

謝罪

関係《かんけい》ないけど、謝罪《しゃざい》するときサムネ画像《がぞう》をあえてシンプルにして謝《あやま》ってる感出《かんだ》しがち。

募集《ぼしゅう》 社会《しゃかい》

「アホな殿様《とのさま》が出《だ》したおふれ書《が》き(きまり)を書《か》きなさい」

おふれがき

昔《むかし》のえら～いアホは、どんなルールを決《き》めたのか！

募集《ぼしゅう》 道徳《どうとく》

「『結婚《けっこん》してください！』プロポーズで渡《わた》しているものをおもしろく描《か》きなさい」

指輪《ゆびわ》よりもっともっと面白《おもしろ》いものを渡《わた》しちゃおうぜ!!

コロコロ編集部《へんしゅうぶ》だより

Web宿題《ウェブしゅくだい》の川柳《せんりゅう》はオモコロ職員《しょくいん》がそれぞれ声《こえ》を出《だ》して読《よ》みあってゲラゲラ笑《わら》ってました。平和《へいわ》っていいよね。

@オモボイス

良《い》い職業《しょくぎょう》ですね。

9歳 男性

@オモボイス

きみはそのままでいい。

11歳 男性

謝罪

2024年《ねん》コロコロ9月号掲載《がつごうけいさい》

その頃《ころ》、オモコロチャンネルでは…

声帯を犠牲に
クイズに
勝て!!

◀間違《まちが》った場合《ばあい》、声《こえ》の大《おお》きさがデメリットになるというルールなのが巧《うま》い。それはそうと、恐《おそれ》山氏《ざんし》の絶叫《ぜっきょう》でしか得《え》られない栄養《えいよう》が間違《まちが》いなくある。

声《こえ》のデカさがそのまま得点《とくてん》になるクイズ

祝《しゅく》! 本誌《ほんし》レギュラーページ回《かい》!!
やった——!!! ページが
広《ひろ》い!!!! やったやったやった
やったやったやった——!!!
やったやったやったやったやった
やった!!!! ……やった?
本当《ほんとう》にやったのか……?
やってないかも
しれない……。なんも
やってないかも
しれない……。ちょっと
一回確認《いっかいかくにん》してきます……。
はい、はい、あ〜、
なるほど。
そうですよね。
はいはいはい。OK《オーケー》です、
わかりました。ありがとう
ございます。やっぱやって
ました!!!! すみません、
やってました!!!! やったー!!!!
やったやったやったやったやった
やった!!!!

web宿題《ウェブしゅくだい》　今月《こんげつ》のスローガン

「どぅるんどぅるんの柿《かき》」
神奈川県／たくみ

「逆立《さかだ》ちゴリラが待《ま》っている」
北海道／水飲み

「壊《こわ》れても遊《あそ》べるウンコ」
栃木県／色が無いサル

優秀賞《ゆうしゅうしょう》
「はなたれ小僧《こぞう》のチームじゃねーだろ」
東京都／ HyperDangerousgorilla

そうだ!! お前《まえ》らは、
はなたれ小僧《こぞう》の
チームじゃない!! はなたれ
小僧《こぞう》の騎士団《きしだん》だ!!! 誇《ほこ》りを持《も》て!!

オ
@オモボイス

いつも面白《おもしろ》いオモコロを読《よ》んでぼくは、学校《がっこう》の放課後《ほうかご》がこんなのだったらと思《おも》います。

9歳　男性

お題《だい》80

「寝《ね》てるときに蚊《か》が耳元《みみもと》で言《い》い残《のこ》していった言葉《ことば》を書《か》きなさい」

優秀賞《ゆうしゅうしょう》

大分県／はっくつ名人

▲恐お前《まえ》の人生《じんせい》と同《おな》じだな！　と言《い》って叩《たた》こう。

茨城県／はると

▶恐私《わたし》がたまに行《い》く整体《せいたい》かよ！（子《こ》どもはわからないと思《おも》うけど大人《おとな》は暮《く》らしてるだけで体《からだ》がガチガチになるので整体《せいたい》に行《い》きます。）

今月《こんげつ》の最優秀賞《さいゆうしゅうしょう》

Switch《スイッチ》ソフト『プリンセスピーチ Show《ショー》time《タイム》！』とオモコロ下敷《したじ》きをプレゼント!!　恐次《つぎ》も爆笑《ばくしょう》ハガキよろしく！

神奈川県／N.M

▲恐全部《ぜんぶ》わかってやってたんかい！

沖縄県／れいぞうこのみそなめなめ星人

▶恐他《ほか》の蚊《か》にヘンな噂《うわさ》も広《ひろ》められそうで最悪《さいあく》！

お題《だい》81

「アホアホ小学校《しょうがっこう》に伝《つた》わるアホな七不思議《ななふしぎ》をひとつ書《か》きなさい」

山形県／やったんだZ

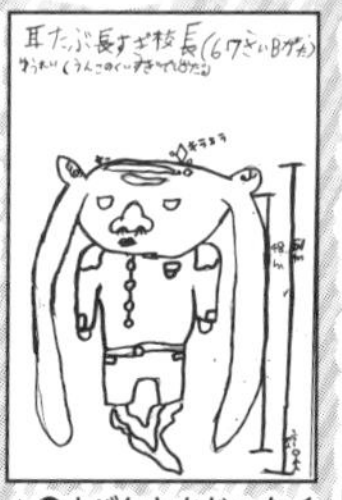

▲加オバケとかじゃなくて、本当《ほんとう》に不思議《ふしぎ》な校長《こうちょう》がいたほうが怖《こわ》い…。

神奈川県／I.A

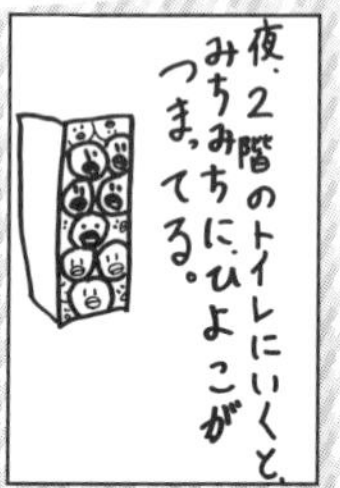

▲加かわいいけどすげぇ驚《おどろ》いた声出《こえで》ちゃうね。

大阪府／T

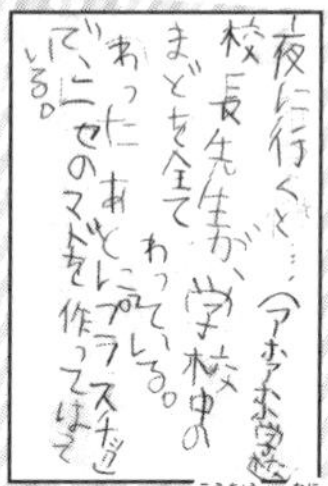

▲加いったい校長《こうちょう》は何《なに》がしたいんだよ…。

富山県／つきんこバーガー92

▲加うんこ流《なが》せよ。夜《よる》に動《うご》くんだから！

愛知県／タコズラ

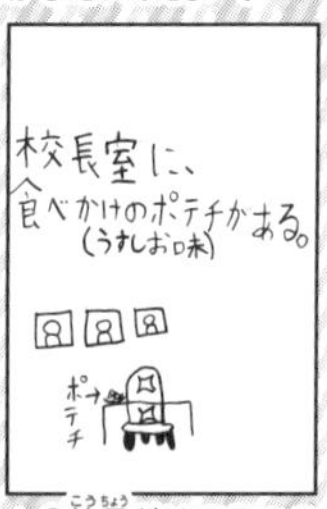

▲加校長《こうちょう》だけで7つの内《うち》の3を埋《う》めるなよ！

オ　@オモボイス

良《い》い職業《しょくぎょう》ですね。いつか、なってみたいです。

東京都／チキン

アホアホ小学校《しょうがっこう》のアホな七不思議《ななふしぎ》

一《いち》、耳《みみ》たぶ長《なが》すぎ校長《こうちょう》

二《に》、夜《よる》、2階《かい》のトイレにいくと、みちみちにひよこがつまっている。

三《さん》、夜《よる》に行《い》くと…校長先生《こうちょうせんせい》が学校中《がっこうじゅう》のマドをすべて割《わ》っている。
（割《わ》ったあとに「プラスチック」でニセのマドを作《つく》ってはっている。）

四《よん》、夜《よる》に流《なが》し忘《わす》れたうんちが動《うご》き出《だ》す。流《なが》し忘《わす》れてこないと水《みず》で流《なが》すときのレバーが動《うご》く。

五《ご》、校長室《こうちょうしつ》に食《た》べかけのポテチがある。
（うすしお味《あじ》）

六《ろく》、運動場《うんどうじょう》を十周《じゅっしゅう》すると、学校《がっこう》がだんだん古《ふる》く見《み》える。

七《なな》、校内《こうない》の時計《とけい》がすべてデジタルになる。

アホすぎて1ミリも怖《こわ》くない七不思議《ななふしぎ》になってしまった……。

確《たし》かに不思議《ふしぎ》が七《なな》つ書《か》いてはあるけど……。

優秀賞《ゆうしゅうしょう》

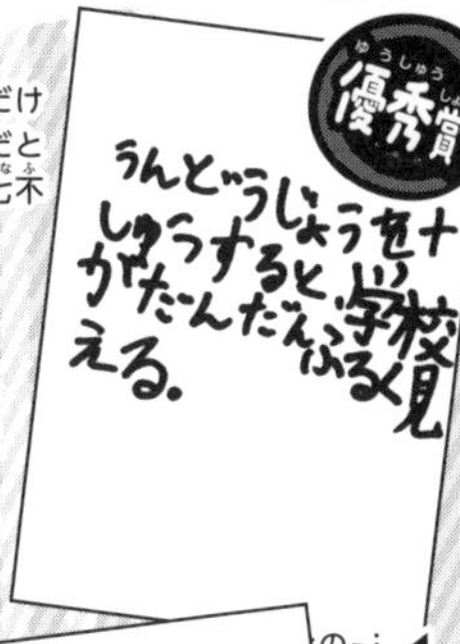
うんどうじょうを十
しゅうすると学校
がだんだんふるく見
える。

大阪府／H.N

▶加そんな気《き》がするだけだって。そしてそうだとしても怖《こわ》くないから七不《ななふ》思議《しぎ》に入《い》れるなって。

校内の時計が全て
デジタルになる
今何時？わかんない…

宮城県《みやぎけん》／ギティース

優秀賞《ゆうしゅうしょう》

▶加デジタルになる類《たぐい》のオバケ珍《めずら》しっ生徒《せいと》もみんなアホだから読《よ》めないの？アナログのが難《むずか》しくない!?の—…。

お題《だい》82
「夏休《なつやす》み中《ちゅう》に原宿先生《はらじゅくせんせい》が何《なに》をしていたかイラストで描《か》きなさい」

僕《ぼく》は有意義《ゆういぎ》な夏休《なつやす》みを過《す》ごせたかな？

たいようのかみになる

兵庫県／ロックマンにあこがれている若者

▶原太陽《たいよう》の神《かみ》になったとしたらもう会社《かいしゃ》行《い》かなくていいな。

はちみつ
虫取り

福島県／きゅうりす

▶原帰《かえ》り、シャワーだけは浴《あ》びさせてね。

グッドだけ
日焼け!!

神奈川県／I.K

▶原この部分《ぶぶん》だけ外《そと》に出《だ》してたのかよ！

食っちゃ〜ね
食っちゃ〜ね

福島県／が抜けるよ

▶原正直《しょうじき》言《い》ってその通《とお》りです！

オ @オモボイス
みんな回答《かいとう》がセンスありますネェ。
群馬県／いもよーかん

優秀賞《ゆうしゅうしょう》

神奈川県／ K.H

▲Ⓐ特《とく》に何《なん》の説明《せつめい》もなく笑顔《えがお》で町《まち》を破《は》壊《かい》してるの面白《おもしろ》すぎる!!

今年《ことし》の夏《なつ》の流行《りゅうこう》は巨大化《きょだいか》で決《き》まりっ！
そうそう！ 前《まえ》からやってみたかったんだよね！ って、何《なに》？

優秀賞《ゆうしゅうしょう》

神奈川県／シール研究家

のりをつなげて鳥を作っていた。

▲Ⓗ夢《ゆめ》だったんです。小学生《しょうがくせい》の頃《ころ》から、海苔《のり》をつなげて鳥《とり》を作《つく》ることを夢見《ゆめみ》て生《い》きてきました。

Web宿題《ウェブしゅくだい》

お題《だい》83　期待《きたい》できないマジシャンの第一声《だいいっせい》とは？

優秀賞《ゆうしゅうしょう》 **百均《ひゃっきん》はヤッパ偉大《いだい》ですよねぇ** 滋賀県／ 72歳の鯖

肉《にく》～を口《くち》に詰《つ》めて来《き》たぞ 愛知県／レイジ

しぱいします 広島県／葵　**しょんべんキャノン砲《ほう》!!!** 神奈川県／ウンコ大魔王さん

お題《だい》84　スーパーハイテンションかるたの「か」の読《よ》み札《ふだ》を教《おし》えてください

優秀賞《ゆうしゅうしょう》 **㋕過去《かこ》に行《い》って自分《じぶん》の顔《かお》を破壊《はかい》する** 石川県／ソウタ

㋕カニ捨《す》て放題《ほうだい》 新潟県／とんじる　**㋕蚊取《かと》り線香《せんこう》を食《た》べる** 京都府／ステゴサウルス

㋕カード！（大声《おおごえ》で家《いえ》を壊《こわ》すぐらい） 愛媛県／失敗したカメラマンの助手

オ @オモボイス

もっとページを足《た》してほしいです！　ヨミタリナイヨー??
神奈川県／ツナ缶スイッチ

今月《こんげつ》の宿題《しゅくだい》

お題《だい》は全部《ぜんぶ》で3つ！ 爆笑回答《ばくしょうかいとう》を投稿《とうこう》しよう!!

オモしろければなんでもOK《オーケー》！　絵《え》や文字《もじ》は元気《げんき》いっぱいハガキいっぱいに大《おお》きく書《か》くと高得点《こうとくてん》!!

募集《ぼしゅう》 社会《しゃかい》

「『山《やま》の露天風呂《ろてんぶろ》、サル以外《いがい》も入《はい》るの？』入《はい》っていたものは何《なに》か描《か》きなさい」

温泉《おんせん》に入《はい》るかわいいおサルさんは有名《ゆうめい》だけど、ほかにはどんなやつが浸《つ》かっているのかな？

募集《ぼしゅう》 家庭科《かていか》

「アホ専用料理《せんようりょうり》『アホロンチーノ』。左《ひだり》のレシピの【？】の部分《ぶぶん》を文字《もじ》で埋《う》めて完成《かんせい》させなさい」

アホロンチーノの作《つく》り方《かた》

①具材《ぐざい》を水《みず》で洗《あら》う
②具材《ぐざい》を切《き》る
③塩《しお》・こしょうをかける
④鍋《なべ》で20分《ぶん》煮込《にこ》む
⑤仕上《しあ》げに
［　？　］
を入《い》れて完成《かんせい》。

▶①～④までマジメ。ここはキミのボケで一気《いっき》にアホに！

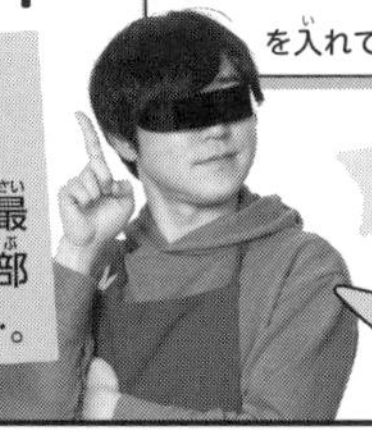

最後《さいご》の仕上《しあ》げにアホなことをしてアホロンチーノを完成《かんせい》させよう！

募集《ぼしゅう》 国語《こくご》

「昔話《むかしばなし》『さるかに合戦《がっせん》』で頼《たよ》りなさすぎて帰《かえ》ってもらった助《すけ》っ人《と》を描《か》きなさい」

▲かにの助《すけ》っ人《と》は、栗《くり》と臼《うす》と蜂《はち》と牛糞《ぎゅうふん》。幻《まぼろし》(!?)の5体目《たいめ》を考《かんが》えてね。

強《つよ》い敵《てき》より変《へん》な味方《みかた》のほうがタチが悪《わる》いってことを思《おも》い知《し》らせてください！

コロコロ編集部《へんしゅうぶ》だより

実《じつ》は今回《こんかい》のお題《だい》がコロコロ本誌《ほんし》で最後《さいご》のお題《だい》になるとは、このとき編集部《へんしゅうぶ》もオモコロ教職員《きょうしょくいん》も誰《だれ》も予想《よそう》できず…。

予想外《よそうがい》なことが書《か》いてあって、面白《おもしろ》いです。

@オモボイス　8歳　男性

頑張《がんば》ってください、これからも。

@オモボイス　10歳　男性

永田校長《ながたこうちょう》の突然《とつぜん》のまとめ

今月《こんげつ》もみんな最高《さいこう》だったな!!　来月《らいげつ》もたくさんハガキ書《か》いて送《おく》るために、お父《とう》さんお母《かあ》さんに「えびの背《せ》わた取《ど》り、手伝《てつだ》おうか？」と言《い》ってみよう。その一言《ひとこと》で変《か》わってくる！

原宿《はらじゅく》のかけているメガネは、すべての素材《そざい》を透視《とうし》することができる。その威力《いりょく》は強《つよ》く、調整《ちょうせい》することはできないので、他人《たにん》が全《ぜん》員骨《いんほね》に見《み》えているぞ！

着《き》ている白衣《はくい》は特別製《とくべつせい》。しょう油《ゆ》をこぼすとその成分《せいぶん》を吸収《きゅうしゅう》し、白衣全体《はくいぜんたい》が真《ま》っ茶色《ちゃいろ》に染《そ》まるため、学生時代《がくせいじだい》にあだ名《な》が「茶衣《ちゃい》」となった。

人物紹介《じんぶつしょうかい》

理科《りか》 原宿《ハラジュク》

世界《せかい》の仕組《しく》みに詳《くわ》しい理科教師《りかきょうし》！ 学会《がっかい》から追放《ついほう》されたというウワサも…？

胸《むね》につけているリボン、実《じつ》はペット代《が》わりの大《おお》きな蛾《が》だ！

倹約家《けんやくか》で知《し》られ、冷蔵《れいぞう》庫《こ》には、使《つか》い切《き》れなかったシューマイに付《つ》いてくる「カラシ」の袋《ふくろ》が3万個《まんこ》溜《た》まっている。

街《まち》で出会《であ》った時《とき》は声《こえ》をかけてみよう。肘《ひじ》についていたカピカピのご飯《はん》粒《つぶ》をくれるかもしれないぞ！

特別《とくべつ》まんが「原宿先生《はらじゅくせんせい》の夏休《なつやす》み」

作《さく》／ぺろり

ごきげんよう。
ブブブブ
べっとり
虫取り
ぜってーこいつのしわざ!!
ズコーッ
こいつは失敬《しっけい》、虫《むし》とりに夢中《むちゅう》になってしまい。
9がつ
もう2学期《がっき》ですよ原宿先生《はらじゅくせんせい》!!
おかげさまでこんなに日焼《ひや》けしちゃいました。
グッドだけこんがり!!
グッドだけ日焼け!!
そこだけ外《そと》に出《だ》してた?
氷
私《わたし》の夏休《なつやす》みの絵日記《えにっき》見《み》ます?
ベットベトなんだけど。
どれどれ…。
8がつ1にち
なつやすみ えにっき

特別《とくべつ》まんが「原宿先生《はらじゅくせんせい》の夏休《なつやす》み」

8月《がつ》31日《にち》のりをつなげて鳥《とり》を作《つく》っていた。
ペタ…
ペタ…
ペタ…
のりをつなげて鳥を作っていた。
ペンギン?
夏休《なつやす》み最終日《さいしゅうび》にすることじゃねェ〜〜〜〜〜。
かわいい〜〜
ちょっとお！工作《こうさく》ならボク呼《よ》んでくださいよっ。
わくわく
いやコレ工作《こうさく》って言《い》っちゃダメでしょ。
まことに有意義《ゆういぎ》な夏休《なつやす》みでしたっ!!
もり
もり
もり
それおにぎりだったの。
お弁当《べんとう》持《も》ってきただけじゃねーか。

2024年《ねん》コロコロ10月《がつ》号《ごう》掲載《けいさい》

その頃《ころ》、オモコロチャンネルでは…

オリジナル
将棋

◀将棋《しょうぎ》にTCG《トレーディングカードゲーム》を重《かさ》ねて新弾《しんだん》という概念《がいねん》を持《も》ち込《こ》むのがもはや美《うつく》しい。ピーキーな性能《せいのう》ながら絶妙《ぜつみょう》にゲームバランスを考《かんが》えられており、対局《たいきょく》も見応《みごた》え◎。

将棋《しょうぎ》に新《あたら》しい駒《こま》を追加《ついか》したらどうなる?
→トロールに蹂躙《じゅうりん》される

web宿題《ウェブしゅくだい》　今月《こんげつ》のスローガン

「げりになるパスタ食《く》えよ」
北海道／Lチキ野郎

「Read a comicbook!!《リードアコミックブック》」
新潟県／オーストリアハンガリー

「魂《たましい》を売《う》れ、できるだけ高額《こうがく》で」
神奈川県／フィシュお

「やきとりの涙《なみだ》」
神奈川県／ピポロッパ

お腹下《なかくだ》してるからゲリになるの確定《かくてい》のパスタ！　食《く》うきなくすから事前《じぜん》に言《い》うなよ！　みんなパンクなスローガンでかっけえぜ！

今月《こんげつ》の優秀《ゆうしゅう》スローガン

「やぶをつついてガムを出《だ》す」

鹿児島県／葉ちゃん

優秀賞《ゆうしゅうしょう》

ガムが出《で》るか、ヘビが出《で》るか、みんなもつついてみようぜ!!　つついたもん勝《が》ち!!

←恐山先生《おそれざんせんせい》の授業《じゅぎょう》からスタート!!

オ
@オモボイス

オモコロになりたい。

9歳　男性

お題《だい》85「この推理小説《すいりしょうせつ》の『？』の部分《ぶぶん》のセリフを文字《もじ》で埋《う》めなさい」

優秀賞《ゆうしゅうしょう》 神奈川県／シール名人

「犯人《はんにん》はお前《まえ》だ！」
「何《なに》か証拠《しょうこ》はあるのか？」
「カルピスの飲み方がだらしなかったからだよ。」
「私《わたし》の負《ま》けだ…。」
サイレンの音《おと》が近《ちか》づいた…。

▲恐取《と》り調《しら》べのコツは、相手《あいて》の精神《せいしん》をゆさぶること！意外《いがい》な角度《かくど》の攻撃《こうげき》には弱《よわ》い！

関係《かんけい》ないけど、パトカーで連行《れんこう》されてるときに酔《よ》っちゃったら言《い》い出《だ》しにくそうじゃない？「一旦車停《いったんくるまと》めて！」って言《い》っていいんですかね？

▲恐たぶん、めちゃくちゃ良《い》い声《こえ》で言《い》ったんでしょう。

東京都／S.S

「わたしの勝ちだ」

三重県／ふうせん犬

「犯人はお前だ！」
「何か証拠はあるのか？」
「失礼こかんせつ回します！」
「私の負けだ…。」
サイレンの音が近づいた…。

▲恐顔《かお》が股関節《こかんせつ》になっているこかんせつ探偵《たんてい》が登場《とうじょう》!?

愛知県／コーティー

「テレビの前のみんな!! 証拠を用意してくれ!!」

▲恐全国《ぜんこく》のこどもたちの証拠《しょうこ》エネルギーを玉《たま》にしてぶつけようぜ！

神奈川県／笑徳太子

（無言でけんじゅうを向ける）

▲恐正義《せいぎ》よりも論理《ろんり》よりも、暴力《ぼうりょく》が全《すべ》てを解決《かいけつ》する……！

千葉県／ふじさん

「トイレにうんこが、のこっているからだ!! この名前が書いてあるやつ!!」

▲恐うんこにも名前《なまえ》を書《か》く几帳面《きちょうめん》さが命取《いのちと》りになるとは……！

優秀賞《ゆうしゅうしょう》 宮城県／やくも273系

「犯人《はんにん》はお前《まえ》だ！」
「何《なに》か証拠《しょうこ》はあるのか？」
「ボォーーーーー。(D51《デゴイチ》の警笛)」
「私《わたし》の負《ま》けだ…。」
サイレンの音《おと》が近《ちか》づいた…。

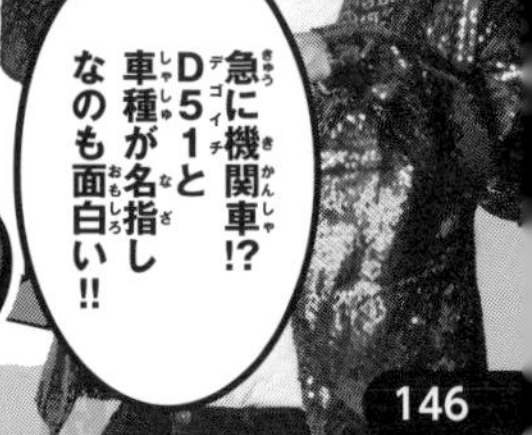
急《きゅう》に機関車《きかんしゃ》!? D51《デゴイチ》と車種《しゃしゅ》が名指《なざ》しなのも面白《おもしろ》い!!

▲永デゴイチの警笛《けいてき》でかき消《け》されたけど、決定的《けっていてき》な証拠《しょうこ》を突《つ》きつけてたのかも。

お題《だい》86

「この銅像《どうぞう》が考《かんが》えているものを書《か》きなさい」

今月《こんげつ》の最優秀《さいゆうしゅう》賞《しょう》

実際《じっさい》にできそうで妙《みょう》にオモロなポーズを考《かんが》えた、うんこたけのこ君《くん》にはソフト『マリオ vs.《ブイエス》ドンキーコング』をプレゼント！

茨城県／うんこたけのこ

◀Ⓐこのポーズだとしたら銅像《どうぞう》にはされなそうで最高《さいこう》!!!!

大阪府／H.K

▶Ⓐ今《いま》まで爪切《つめき》りの中《なか》の爪《つめ》のこと考《かんが》えたことなかったかも！三日月《みかづき》みたいで綺麗《きれい》ね…

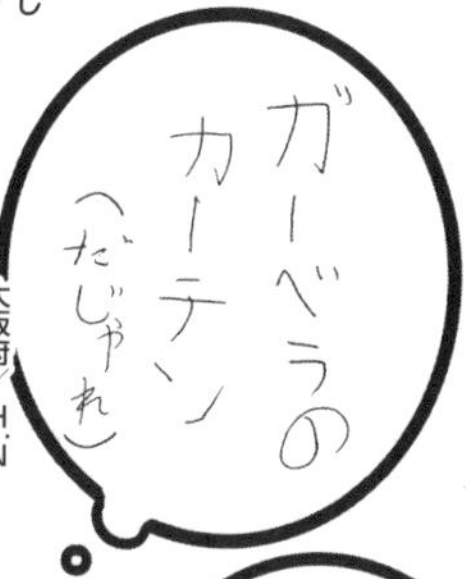

大阪府／H.N

◀Ⓐ全然《ぜんぜん》ダジャレじゃなさすぎる!!!

千葉県／H.S

▲Ⓐわかる。日曜《にちよう》日《び》の夕方《ゆうがた》とかに急《きゅう》に食《く》いたくなる時《とき》あるよね。

佐賀県／H.Y

◀Ⓐ何《なに》??????????????????????

京都府／とうふちゃん

▲Ⓐすごい発想《はっそう》だ！（それを考《かんが》えたキミも凄《すご》い！）(キミを生《う》んだ親《おや》もすごい！)(親《おや》を生《う》んだ親《おや》の親《おや》もすごい！)

考《かん》える…⁉

ピニピニピニ

お題《だい》87

「夏《なつ》に『ピニピニピニ…』と草《くさ》むらから鳴《な》き声《こえ》が！ 一体何《いったいなん》なのかイラストで描《か》きなさい」

▶原 結局《けっきょく》なんなんだよ。

愛知県／T.S

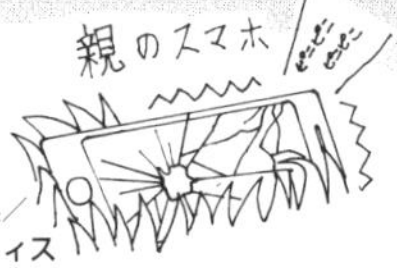

群馬県／マンティス

▲原 こんなところにあったんだ～！

▶原 ピニって鳴《な》くか知《し》らんけど、とんでもねぇ大物《おおもの》だ！ 確保確保《かくほかくほ》！

宮城県／魚

愛知県／T.K

優秀賞《ゆうしゅうしょう》

▲原 虫《むし》のくせに、結構難《けっこうむずか》しい範囲《はんい》の数学《すうがく》まで進《すす》むな。

神奈川県／I.K

▲原 モチベーション不明《ふめい》の趣味《しゅみ》すぎるだろ。

福島県／K.U

▲原 ちょっと変《か》わったカウントダウンだった！ 逃《に》げろ！

Web宿題《ウェブしゅくだい》

お題《だい》88 『給食《きゅうしょく》バトラー タベオ』に出《で》てくるセリフを書《か》きなさい

優秀賞《ゆうしゅうしょう》 **では…まずいのから食《た》べていきます** 愛知県／ぬるくなったコーヒー

お前《まえ》の給食《きゅうしょく》はどこだ?! 福岡県／けーわん　**やはり給食《きゅうしょく》より弁当《べんとう》に限《かぎ》りますなwww** 広島県／ガイア

タベオ殿《どの》、ゆでやさいを克服《こくふく》しなされ 神奈川県／デラデラ探検隊　**わたしはチンチンでお味噌汁《みそしる》を食《た》べるんだ** 岡山県／ナポリタン

お題《だい》89 初《はじ》めて月《つき》の裏側《うらがわ》を見《み》た宇宙飛行士《うちゅうひこうし》は、何《なん》と言《い》った?

優秀賞《ゆうしゅうしょう》 **パン屋《や》さんないやん** 大阪府／ハッピー

ベイブレードがある 東京都／スイミング太郎　**来《き》て意味《いみ》あったかな?** 大阪府／三品

うわ～もろ 兵庫県／ヤマオ　**つきにいけてうれし――――――――** 大阪府／あっきー

最後《さいご》の宿題《しゅくだい》

お題《だい》は全部《ぜんぶ》で2つ！ 爆笑回答《ばくしょうかいとう》を投稿《とうこう》しよう!!

今月《こんげつ》はこの2つ！　キミの渾身《こんしん》のおバカな投稿《とうこう》はがきで有終《ゆうしゅう》の美《び》を飾《かざ》ってみないか？

募集《ぼしゅう》 社会《しゃかい》

「タイムカプセルに入《い》れたいアホなアイテムを描《か》きなさい」

▲タイムカプセルに入《い》れたいアホなアイテムを描《か》きなさい。

募集《ぼしゅう》 音楽《おんがく》

「オモコロ放課後《ほうかご》クラブの校歌《こうか》のフレーズを書《か》きなさい」

（フレーズは短《みじか》いのがいいよ）

▲みんなのフレーズを合《がっ》体《たい》させて1つの校《こう》歌《か》として歌《うた》うのでお楽《たの》しみに！

突然《とつぜん》ですが、なんと…!!

これが最後《さいご》のお題《だい》！

11月号《がつごう》で最終回《さいしゅうかい》になります！**サーセン！**

オモコロ担当《たんとう》 二刀流《にとうりゅう》コーマ

コロコロ編集部《へんしゅうぶ》だより

編集部《へんしゅうぶ》の都合《つごう》により、オモコロ放課後《ほうかご》クラブの終了《しゅうりょう》がこのタイミングで決定《けってい》…！最終回《さいしゅうかい》までのカウントダウンが始《はじ》まった。

オ @オモボイス

いつも面白《おもしろ》いです。ギャグの参考《さんこう》にしています。

9歳 男性

オ @オモボイス

そんなに見《み》てないけど面白《おもしろ》い。

8歳 男性

特別《とくべつ》企画《きかく》 オモコロ座談会《ざだんかい》

オモコロメンバーが「オモコロ放課後《ほうかご》クラブ」を振《ふ》り返《かえ》りつつ語《かた》る緊急《きんきゅう》座談会《ざだんかい》開始《かいし》！

お題《だい》作《づく》りのむずかしさ

永田《ながた》 お題《だい》を考《かんが》えるのは、結構大変《けっこうたいへん》だったよね。

恐山《おそれざん》 良《い》いお題《だい》には良《い》い投稿《とうこう》が集《あつ》まった気《き》がします。

AR《アルファ》 でも、わかりやすくて色々《いろいろ》な答《こた》え方《かた》ができるお題《だい》って意外《いがい》と難《むずか》しいですよね。

加藤《かとう》 大人《おとな》が面白《おもしろ》いと思《おも》うだけじゃダメだから、そこは気《き》をつけたよね。

原宿《はらじゅく》 コロコロっぽさも忘《わす》れずにね。

永田《ながた》 どんな答《こた》えが来《き》ても面白《おもしろ》くなるようなお題《だい》を目指《めざ》してたかな。

恐山《おそれざん》 最初《さいしょ》から答《こた》えが同《おな》じのばっかりになりそうなお題《だい》は避《さ》けましたね。

永田《ながた》 「うんこ」だけ1万通送《まんつうおく》られてきたら困《こま》るしね。

加藤《かとう》 「面白《おもしろ》いけど、他《ほか》の人《ひと》と被《かぶ》ってるから」って理由《りゆう》でハガキを落《お》とすのも申《もう》し訳《わけ》ないし。

原宿《はらじゅく》 そう考《かんが》えると、子《こ》ども向《む》けにしては「うんこ」が通用《つうよう》しないコーナーだった。

恐山《おそれざん》 このコーナーを通《とお》してみんなに「うんこを超《こ》えてほしい」という願《ねが》いがありました。

永田《ながた》 目指《めざ》せうんこ超《ご》え！

恐山《おそれざん》 たしかにうんこは面白《おもしろ》いけど、君《きみ》たちは「うんこの向《む》こう側《がわ》」に行《い》くべきだ！

AR《アルファ》 「うんこの向《む》こう側《がわ》」って、ハエだけが見《み》れる景色《けしき》っぽくてなんかかっこいい！

原宿《はらじゅく》 自分《じぶん》が思《おも》いつくことは、他《ほか》の人《ひと》も思《おも》いつくってことを意識《いしき》することも大切《たいせつ》で……。

加藤《かとう》 それは本当《ほんとう》に大事《だいじ》なこと。

永田《ながた》 理想《りそう》は、いろんなレベルの答《こた》えを受《う》け止《と》められるお題《だい》なんだよね。あるあるみたいなネタも採用《さいよう》できるし、すごくオリジナリティのあるネタも採用《さいよう》できる。でも、そういうお題《だい》を作《つく》るのは難《むずか》しかったなぁ。

ハガキはどうやって選《えら》んだの？

永田《ながた》 過去《かこ》の優秀賞《ゆうしゅうしょう》に寄《よ》せた回答《かいとう》を送《おく》ってくれる人《ひと》も多《おお》かったけど、そういうのばかりだと同《おな》じような回答《かいとう》ばかりになっちゃうって問《もん》題《だい》もあったよね。

原宿《はらじゅく》 過去《かこ》の面白《おもしろ》さを基準《きじゅん》にすると、新《あたら》しい発想《はっそう》が生《う》まれにくくなるからね。

AR《アルファ》 だから僕《ぼく》らは、できるだけいろんなパターンの答《こた》えになるよう選《えら》んでましたね。

加藤《かとう》 連載後半《れんさいこうはん》は、言葉《ことば》のセンスが良《い》い正統派《せいとうは》な答《こた》えを選《えら》ぶことが増《ふ》えた気《き》がする。

恐山《おそれざん》 それだけみんながレベルアップしたってことですね。

AR《アルファ》 面白《おもしろ》い答《こた》えがどんどん増《ふ》えて、感動《かんどう》したなぁ。これはマジ。

恐山《おそれざん》 たとえばゲームやアニメのキャラが使《つか》われたネタは、面白《おもしろ》くても著作権《ちょさくけん》の問題《もんだい》で載《の》せら

れなくて選《えら》ばなかったんですが、そういう事《じ》情《じょう》をみんなに伝《つた》えてないのに後半《こうはん》はそういう答《こた》えは減《へ》っててすごい。

永田《ながた》 言《い》わなくてもルールを理解《りかい》してくれた。

原宿《はらじゅく》 最終回《さいしゅうかい》の「Switch《スイッチ》のY《ワイ》ボタン」とかも、絶《ぜつ》妙《みょう》なチョイスがちゃんとできてるんだよな。

永田《ながた》 「ここはB《ビー》でもA《エー》でもなく、Y《ワイ》だろう」という気《き》がする。

Switchの
Yボタン

▲オモコロ一同《いちどう》が絶賛《ぜっさん》したY《ワイ》ボタンネタ。この絶妙《ぜつみょう》なチョイスが高《こう》評価《ひょうか》だった。

加藤《かとう》 こういう感覚《かんかく》がみんなに伝《つた》わっていたら嬉《うれ》しいね。

Web《ウェブ》宿題《しゅくだい》はどうだった？

AR《アルファ》 Web《ウェブ》宿題《しゅくだい》は文字《もじ》だけで答《こた》えるから難《むずか》しそうに思《おも》ったけど、あれもメチャ面白《おもしろ》かった！

加藤《かとう》 もしかして、大人《おとな》も送《おく》ってきてたのかな？

永田《ながた》 ほとんど子《こ》どもじゃないかな？ 「徳川家康《とくがわいえやす》」のミドルネームを考《かんが》えるお題《だい》で「徳川《とくがわ》・巨《きょ》大本棚《だいほんだな》・家康《いえやす》」とかは、本当《ほんとう》に小学生《しょうがくせい》が考《かんが》えたの？って思《おも》ったけど。

恐山《おそれざん》 あれは衝撃的《しょうげきてき》でした。天才《てんさい》。

原宿《はらじゅく》 あのお題《だい》は正直《しょうじき》どうなるか不安《ふあん》だったけど、予想外《よそうがい》に面白《おもしろ》い答《こた》えが来《き》たよね。

永田《ながた》 Web《ウェブ》宿題《しゅくだい》でウケたお題《だい》を本誌《ほんし》でアレンジすることもあったしね。

AR《アルファ》 でもWeb《ウェブ》とコロコロでは笑《わら》いの種類《しゅるい》が違《ちが》うから、そこが結構難《けっこうむずか》しかったかも！

永田《ながた》 Web《ウェブ》は僕《ぼく》たちがツッコミを入《い》れないから、ツッコミ無《な》しでも面白《おもしろ》い必要《ひつよう》があるんだよね。

恐山《おそれざん》 「今月《こんげつ》のスローガン」は後半《こうはん》にいくにつれどんどん何《なん》でもアリになっていった。

AR《アルファ》 「プリンビームを発射《はっしゃ》でござんす」とか最高《さいこう》だった！ 笑《わら》いのセンスをこっち側《がわ》に寄《よ》せられて、「お前《まえ》らはこれが面白《おもしろ》いんだろ？」と言《い》われてるような気《き》さえしましたね。

永田《ながた》 俺《おれ》たち、手玉《てだま》に取《と》られていたのかも。

AR《アルファ》 「はなたれ小《こ》僧《ぞう》のチームじゃねーだろ」も良《よ》かったなぁ。

「プリンビームを発射《はっしゃ》でござんす」
東京都／プリン社長

▲14文字《もじ》を書《か》くだけで優秀賞《ゆうしゅうしょう》をもっていく才能《さいのう》たるや恐《おそ》るべし！

原宿《はらじゅく》 このコーナーのおかげで、たくさんのいい言《こと》葉《ば》と出会《であ》えた。

永田《ながた》 本当《ほんとう》にそう思《おも》う。最終回《さいしゅうかい》のスローガンの「はこ」には驚《おどろ》かされたけど。

AR《アルファ》 突《つ》き詰《つ》めてるなぁ。

加藤《かとう》 今《いま》の子《こ》ども向《む》けコンテンツで、こんなに尖《とが》った笑《わら》いってないと思《おも》うよ。子《こ》ども向《む》けだったらここが今一番尖《いまいちばんとが》ってるんじゃないかな。

AR《アルファ》 たぶん僕《ぼく》たちが小学生《しょうがくせい》の頃《ころ》よりも、今《いま》の読者《どくしゃ》の方《ほう》が面白《おもしろ》いと思《おも》いますね。

永田《ながた》 それは間違《まちが》いない。

恐山《おそれざん》 「カニうどん食《た》べまくる」っていうネタ、「カニうどん」の謎《なぞ》さがちょうど面白《おもしろ》かった。

永田《ながた》 なんか「カニ」が流行《はや》ってたよね。

AR《アルファ》 「カニ」「ちくわ」「すし」が流行《はや》ってましたね。

恐山《おそれざん》 ただ、面白《おもしろ》い言葉《ことば》は飽《あ》きられやすくもあるから、流行《りゅうこう》を知《し》ったうえで逆《さか》らうのが重要《じゅうよう》なんですよね。

永田《ながた》 まさにそう。面白《おもしろ》い言葉《ことば》は賞味期《しょうみき》限《げん》が短《みじか》い。

恐山《おそれざん》 その言葉《ことば》が「面白《おもしろ》い」とみんなに知《し》られたら、その言《こと》葉《ば》はもう面白《おもしろ》く

◀Web《ウェブ》宿題《しゅくだい》を集計《しゅうけい》したプリントを真面目《まじめ》に審査中《しんさちゅう》の秘蔵《ひぞう》ショット。

ないということだから。

AR《アルファ》　すごいこと言《い》うな。

恐山《おそれざん》　本当《ほんとう》にシビアなことだけど、事実《じじつ》です。

加藤《かとう》　やっぱり言葉《ことば》も鮮度《せんど》が命《いのち》だよね。

永田《ながた》　なんかこの会話《かいわ》、若手芸人《わかてげいにん》のダメ出《だ》しみたいで嫌《いや》だな……。

加藤《かとう》　でも、子《こ》どもの頃《ころ》にこういう経験《けいけん》ができるのはすごいことですよ。

永田《ながた》　何回《なんかい》もハガキが載《の》ってる常連《じょうれん》さんは、本当《ほんとう》にすごいと思《おも》う。

原宿《はらじゅく》　あんまり子《こ》どもに言《い》わない「本当《ほんとう》のこと」も書《か》いてたよね。永田校長《ながたこうちょう》のコメントとか。

永田《ながた》　気《き》づいてる子《こ》は気《き》づいてるだろうし。本当《ほんとう》のことを言《い》ってあげたほうがいいからね。

原宿《はらじゅく》　加藤《かとう》くんは最終回《さいしゅうかい》でこれまでの写真《しゃしん》がすべて使《つか》い回《まわ》しだったことも言《い》ったしね。

恐山《おそれざん》　言《い》うな、そんなこと。

加藤《かとう》　毎回《まいかい》いちいち衣装《いしょう》に着替《きが》えるのは面倒《めんどう》だから、普通《ふつう》は1回《かい》でまとめて撮《と》っておくんだよ。

まとめ

永田《ながた》　せっかくこうやって単行本《たんこうぼん》になったんだから、大人《おとな》になって読《よ》み返《かえ》しても面白《おもしろ》がってもらえるといいなぁ。

加藤《かとう》　子《こ》どもの頃《ころ》に買《か》った本《ほん》って、大人《おとな》になってもずっと記憶《きおく》に残《のこ》ってることあるよね。

原宿《はらじゅく》　もし自分《じぶん》のハガキが載《の》ってたら、なおさら捨《す》てられない。

加藤《かとう》　大人《おとな》になって、「あの時《とき》のおじさんたちは本《ほん》当《とう》のことを言《い》ってたんだ」って気《き》づいてくれたら嬉《うれ》しいね。

原宿《はらじゅく》　ゾロリやズッコケ三人組《さんにんぐみ》みたいに、子《こ》どもにも本気《ほんき》で向《む》き合《あ》う姿勢《しせい》が大切《たいせつ》だと思《おも》う。

永田《ながた》　子《こ》どもだからって手加減《てかげん》しない。僕《ぼく》たちはいつも本気《ほんき》だった。

AR《アルファ》　確《たし》かに！　マジでずっと本気《ほんき》だった。

恐山《おそれざん》　むしろ、こっちが舐《な》めてる余裕《よゆう》なんてなかった。

加藤《かとう》　だって、みんな普通《ふつう》に面白《おもしろ》いんだもん。このコーナーが終《お》わっても、これからも他《ほか》の場《ば》所《しょ》で面白《おもしろ》い投稿《とうこう》を続《つづ》けてほしい。

AR《アルファ》　キミの面白《おもしろ》さで周《まわ》りのライバルに差《さ》をつけろっ！

恐山《おそれざん》　大人《おとな》になって再会《さいかい》したら泣《な》いちゃうかも。

原宿《はらじゅく》　みんな！　これからは各自《かくじ》ゲリラ戦《せん》を戦《たたか》い抜《ぬ》いてくれ！

永田《ながた》　**10年《ねん》後《ご》、また会《あ》おう！**

2024年《ねん》コロコロ11月号掲載《がつごうけいさい》

その頃《ころ》、オモコロチャンネルでは…

◀視聴者《しちょうしゃ》を驚《おどろ》かせた伝説《でんせつ》の問題作《もんだいさく》。

黄《き》うんちたち

宿題《しゅくだい》　今月《こんげつ》のスローガン

「逆立《さかだち》ババァがやっちゃた」
北海道／しをこんぶ

「転生《てんせい》したらうんこ+ココアだった件《けん》」
千葉県／トブネコ

「ベイクドウンチョ」
茨城県／よしまる

「挨拶《あいさつ》の呪《のろ》い」
沖縄県／ショウリュウ

今月《こんげつ》で本誌《ほんし》での発表《はっぴょう》は最終回《さいしゅうかい》！
僕《ぼく》たちは世界中《せかいじゅう》のカンガルーに
日本《にっぽん》のアニメーションの
素晴《すば》らしさを伝《つた》えるため、
オーストラリアへと旅立《たびだ》ちます。
それでも涙《なみだ》は見《み》せないぞ！
最後《さいご》のお便《たよ》り発表《はっぴょう》だ!!

今月《こんげつ》の優秀《ゆうしゅう》スローガン

優秀賞《ゆうしゅうしょう》

「はこ」
愛知県／ chi.s

オモコロ放課後《ほうかご》クラブも、
人生《じんせい》も、箱《はこ》。何《なん》でも入《はい》るし、
何《なん》でも出《だ》せる。
今《いま》が空《から》っぽでも恐《おそ》れるな！

恐山先生《おそれざんせんせい》の授業《じゅぎょう》からスタート!!

オ
@オモボイス

オモコロ放課後《ほうかご》クラブがあと1000年続《ねんつづ》いているといいです。
8歳　男性

お題《だい》90

「YouTuber《ユーチューバー》コロキンがスーツで謝罪《しゃざい》。何《なに》をしたのか書《か》きなさい」

謝罪

いつも愉快《ゆかい》なあのヒトが急《きゅう》に真面目《まじめ》な顔《かお》に!? 何《なに》があったんでしょう……?

優秀賞《ゆうしゅうしょう》

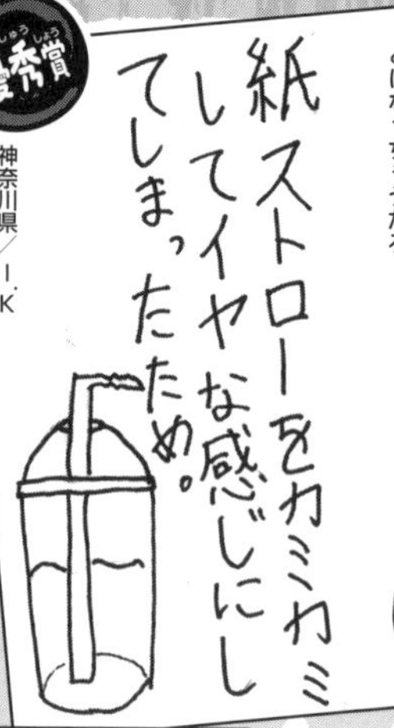
紙ストローをカミカミしてイヤな感じにしてしまったため。

神奈川県／I.K

◀恐この調子《ちょうし》で謝罪《しゃざい》してたら毎日《まいにち》スーツを着《き》ることになっちゃうだろ!

謝罪したことの謝罪
すんません

石川県／チョコ

▲恐翌日《よくじつ》は謝罪《しゃざい》の謝罪《しゃざい》の謝罪《しゃざい》をして、その次《つぎ》は……。

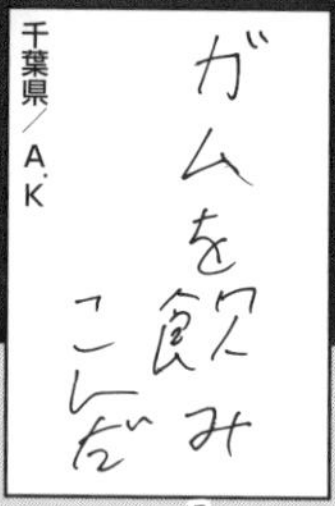
ガムを飲みこんだ

千葉県／A.K

▲恐そのまま出《で》てくるから大丈夫《だいじょうぶ》らしい!　でもわざと飲《の》まないように!

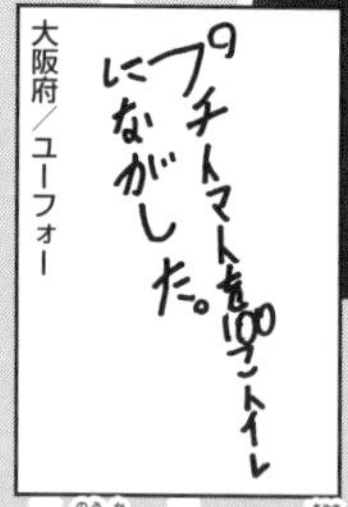
プチトマトを100コトイレにながした。

大阪府／ユーフォー

▲恐農家《のうか》のみなさんに謝《あやま》りなさいッ !!!!!!!

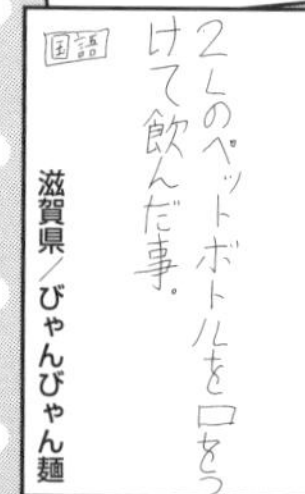
国語
2Lのペットボトルを口をつけて飲んだ事。

滋賀県／びゃんびゃん麺

▲恐「ちょっとしか残《のこ》ってないから口《くち》でいっちゃえ」ってときも案外多《あんがいおお》くて困《こま》るのに…。

お題《だい》91

「アホな殿様《とのさま》が出《だ》したおふれ書《が》き(きまり)を書《か》きなさい」

おふれがき
?

トイレは人に見られる所でする。

福岡県／えとうしば

▼加うんちもおしっこも、万人《ばんにん》が観《み》られてこその天下泰平《てんかたいへい》なり!

東京都／M.T

▶加アホというか、殿様《とのさま》おかしくなっちゃった…?

▼加急《いそ》いでいる時《とき》こそ、あえて歩《あゆ》みをゆるりと…実《じつ》は名君《めいくん》なのかも?

がっこうにいそいでいるときかめにのろう。

静岡県／S.K

これだけ殿様《とのさま》がアホだったら、歴史《れきし》の教科書《きょうかしょ》がコロコロみたいになっちゃうぜ!!

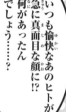

北海道／スイカマン

おふれがき
のりべんにィ、しょう油をつけろォ！守らなかったら、くつしたをぜんぶぬらす！

▲永 語尾《ごび》を伸《の》ばす言《い》い方《かた》もアホさを際立《きわだ》てていて最高《さいこう》だぜ！

今月《こんげつ》の最優秀賞《さいゆうしゅうしょう》

有終《ゆうしゅう》の美《び》をのり弁《べん》で飾《かざ》ったスイカマンくんには、ゲームソフト『ルイージマンション2HD《ツーエイチディー》』と特製下敷《とくせいしたじ》きをプレゼント！

埼玉県／H.Y

優秀賞《ゆうしゅうしょう》

おふれがき
アホになれ。人のやくにたつな。バカになれ。

▲加 アホも極《きわ》まると、カッコよく見《み》える！

「ぜんぶ」ってこの世《よ》の靴下《くつした》を全部《ぜんぶ》ってこと？ アホすぎ！
アホすぎるおふれ書《が》きの数々《かずかず》…。やぶっても、アホな刑《けい》ですんじゃいそうだね！ これでエグい刑《けい》だったら最悪《さいあく》！

お題《だい》92

「『結婚《けっこん》してください！』プロポーズで渡《わた》しているものをおもしろく描《か》きなさい」

?

長野県／えんぴつけずり

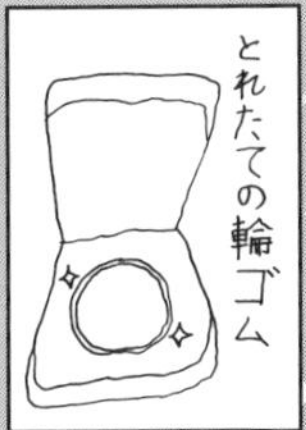
とれたての輪ゴム

▶永 輪《わ》ゴムにも「とれたて」ってあるの!?

神奈川県／I・A

ぼしゅう③「おしりみたいなもも」

▶永 誰《だれ》かに見《み》せたくなるのはわかるけど、プロポーズの時《とき》じゃないわな。

大阪府／H・K

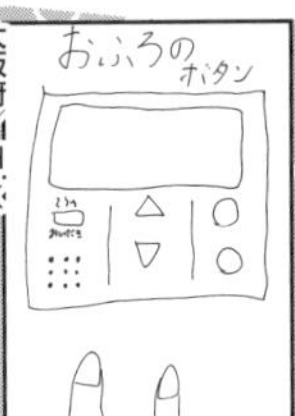
おふろのボタン

▲永 押《お》してどうする!? お風呂沸《ふろわ》いちゃうよ！

茨城県／うんこたけのこ

うんこ 300円
はなくそ 250円
みかん 107円
かさぶた 120円
777円
ゾロ目のレシート

▲永 もらった時《とき》はテンション上《あ》がるけどね！ 渡《わた》されても困《こま》るよ！

大阪府／H・N

ベーコンのマット

▲永 何《なに》それ!? そんなんで足《あし》を拭《ふ》いてもベトベトになっちゃうよ！

愛知県／N・K

募集③
一等
オマツリ・ンピック
お祭りによく見かける

▲永 でも、超人《ちょうじん》の設定《せってい》がすごくしっかり作《つく》り込《こ》まれてて素晴《すば》らしい！

いや、送《おく》るコーナー間違《まちが》ってない!? 自分《じぶん》の考《かんが》えた超人《ちょうじん》を送《おく》るところじゃないよ!?

優秀《ゆうしゅう》賞《しょう》

京都府／チャイフク

▲㊊こんな丁寧《ていねい》にY《ワイ》ボタンだけ渡《わた》されたら、思《おも》わずプロポーズOK《オーケー》しちゃうかも？

なんでY《ワイ》ボタンだけを？ せめてコントローラーごとくれ！ それでも意味《いみ》わかんないけど！

確《たし》かにY《ワイ》だな。ここはA《エー》でもB《ビー》でもX《エックス》でもなく、なぜかY《ワイ》なんです！ 理由《りゆう》は分《わ》からないけど、Y《ワイ》！

Web《ウェブ》宿題《しゅくだい》

お題《だい》93　弟子《でし》がひとりもできなかった落語家《らくごか》の名前《なまえ》を書《か》きなさい

優秀《ゆうしゅう》賞《しょう》 **絶対《ぜったい》弟子《でし》つくらない亭《てい》ゼリー**　東京都／れんこんと田中

サカナCC《シーシー》マルマル　愛知県／ロロロ&ラララ　**が じー**　神奈川県／ポップ

ぶりぶり屁《へ》っぷり亭《てい》屁《へ》ぶ郎《ろう》　神奈川県／花より鼻?　**芋《いも》マン術《じゅつ》マン**　茨城県／いちコロ　**パスタ亭《てい》ボロネーゼ丸《まる》**　奈良県／むぎちゃん

お題《だい》94　新競技《しんきょうぎ》「ペッチョボール」のルールを1つだけ教《おし》えてください

優秀《ゆうしゅう》賞《しょう》 **一回《いっかい》だけドロボーと叫《さけ》んでもいい**　千葉県／A

ピッチョをパッチャするのだけは反則《はんそく》　神奈川県／たくみ　**猫《ねこ》を起《お》こした人《ひと》が勝《か》ち**　石川県／帰る蚊

ペッチョボトルのキャップを相手《あいて》の腹《はら》に投《な》げつける（相手《あいて》に当《あ》ててはいけない）　東京都／にんこ　**葉《は》っぱを10枚《まいあつ》集めるる**

ダ・ヴィンチ・恐山先生《おそれざんせんせい》の大喜利講座《おおぎりこうざ》

#5 大喜利《おおぎり》に正解《せいかい》はない！

これまで、いろんなテクニックを教《おし》えてきた。**でも実《じつ》のところ大喜利《おおぎり》に正解《せいかい》はない**。これは「キミらしくいればいいんだよ」という道徳《どうとく》の授業《じゅぎょう》みたいなヌルい意味《いみ》じゃない。マジで正解《せいかい》がないし、だからこそ大変《たいへん》なのだ。

大喜利《おおぎり》は「予想《よそう》を裏切《うらぎ》るスポーツ」だ。だから「思《おも》いつかなかった！」と言《い》わせる必要《ひつよう》がある。**でも、今《いま》までのテクニックをみんなが知《し》ったらどうなる？**「ああ、〝2段《だん》飛《と》ばし〟ね」みたいに思《おも》われて、意外性《いがいせい》が薄《うす》くなってしまう。だからマネしていれば確実《かくじつ》にウケる技《わざ》は存在《そんざい》しない。

デュシャンという芸術家《げいじゅつか》を知《し》っているだろうか？**彼《かれ》は美術展《びじゅつてん》でフツーの便器《べんき》に「泉《いずみ》」と名付《なづ》けて展示《てんじ》し、アートの歴史《れきし》に名《な》を残《のこ》した**。「美術展《びじゅつてん》では絵《え》や彫刻《ちょうこく》を出《だ》すよね」とみんな考《かんが》えているのを裏切《うらぎ》って、一番《いちばん》アートから遠《とお》いものを持《も》ってきた意外性《いがいせい》が衝撃《しょうげき》を与《あた》えたのだ。

これはまさに大喜利《おおぎり》のボケである。その後《あと》で真似《まね》して便器《べんき》を持《も》っていっても意味《いみ》がない。「デュシャンみたいなやつね」で終《お》わりだ。

大喜利《おおぎり》に無敵《むてき》の技《わざ》はない。**しかし逆《ぎゃく》に「給食《きゅうしょく》がウンコ！」という答《こた》えがウケることもある**。みんながじっくり高度《こうど》なボケを考《かんが》えているときに「ウンコ！」と言《い》うやつが現《あらわ》れると、それ自体《じたい》が予想外《よそうがい》でバカバカしく笑《わら》えてしまうのだ（私《わたし》はこれを「**オモロが〝一周《いっしゅう》〟する**」と呼《よ》んでいる）。ああ、ボケるって難《むずか》しい！この講座《こうざ》がキミだけの答《こた》えを見《み》つける助《たす》けになれば幸《さいわ》いである。

本誌《ほんし》未公開《みこうかい》 2024年《ねん》コロコロ12月号《がつごう》分《ぶん》

その頃《ころ》、オモコロチャンネルでは…

◀2年越《ねんご》しの再《さい》コラボが実現《じつげん》。撮影当時《さつえいとうじ》、この本《ほん》はまだ刷《す》り出《だ》しをクリップ留《ど》めしてあるのみだった。全《すべ》ての関係者《かんけいしゃ》の皆様《みなさま》、ありがとうございました。

「マンガの展開《てんかい》を予想《よそう》せよ!コロコロクイズ大会《たいかい》!!【コロコロ×オモコロコラボ】」

web宿題《ウェブしゅくだい》 今月《こんげつ》のスローガン

「ケツの穴《あな》見《み》りゃどんなやつか分《わ》かる」
長崎県／ぶちぎれねこ

「ネズミマンのクラスじゃね～よ」
高知県／あっぽ

「コップがパリン」
愛知県／ボリボリ

「ハムは彼《かれ》を嫌《きら》うだろう」
群馬県／おもちっち

君《きみ》は「鳳凰《ほうおう》(ほうおう)」と言《い》いたくなるようなケツの穴《あな》を見《み》たことあるか?先生《せんせい》はあるぞ!

今月《こんげつ》の優秀《ゆうしゅう》スローガン

優秀賞《ゆうしゅうしょう》

「ハムは彼《かれ》を嫌《きら》うだろう」

群馬県／おもちっち

間違《まちが》って英語《えいご》を翻訳《ほんやく》したみたいな文章《ぶんしょう》。でもこの文学的《ぶんがくてき》な言《い》い方《かた》、癖《くせ》になるよな!!ここから始《はじ》まる物語《ものがたり》をみんなで考《かんが》えてみようぜ!!

オ
@オモボイス

いつもこんなアホな事《こと》をやって面白《おもしろ》いと思《おも》いました。
8歳／男性

お題《だい》95
「『山《やま》の露天風呂《ろてんぶろ》、サル以外《いがい》も入《はい》るの？』入《はい》っていたものは何《なに》か描《か》きなさい」

?

温泉地《おんせんち》をアホな観光地《かんこうち》に変《か》えてやれ～!!

◀加 赤《あか》に変《か》わるってことはアルカリの温泉《おんせん》かな!?　美肌効果《びはだこうか》がありそうだね！

リトマス紙
あ～きもちいい～

城県／ちとこた

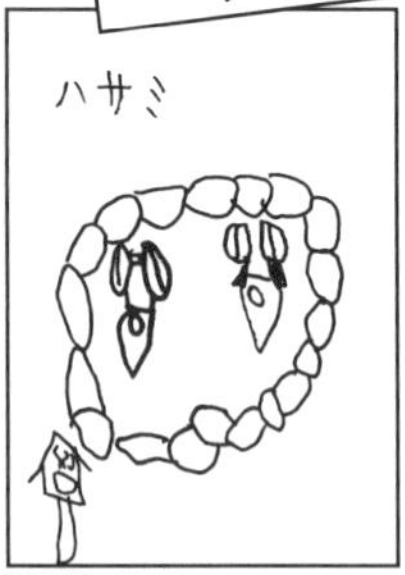

ハサミ

滋賀県／M.R

▲加 錆《さ》びるだろ！　なんで2本《ほん》…？

▼加 汚《きたな》いから入《はい》るなよ!!　あとお湯《ゆ》は中《なか》に入《い》れろよ!!

よごれたやかん。

神奈川県／シール研究家

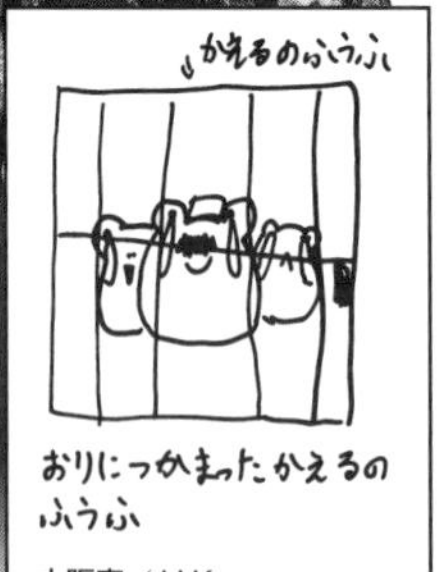

かえるのふうふ
おりにつかまったかえるのふうふ

大阪府／H.K

◀加 檻《おり》に!?　夫婦《ふうふ》で!?　悲《かな》しみも洗《あら》い流《なが》してくれ～!

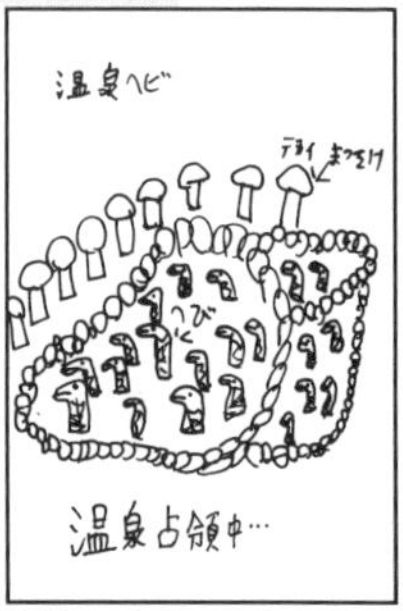

温泉ヘビ
温泉占領中…

宮城県／魚

▲加 ヘビだらけの湯《ゆ》、怖《こわ》すぎるけど肩《かた》こりとかは治《なお》りそう。

広島県／Y

社会に支配された加藤
パソコン
バチ
バチ
バチ
バチ

◀加 パソコンぶっ壊《こわ》れても社会《しゃかい》を知《し》りたい…社会《しゃかい》こそすべてなんだ…！

みんなで裸《はだか》になって、すべての罪《つみ》を洗《あら》い流《なが》そうぜ！そういうことにしようぜ！　な！

お題《だい》96

「昔話《むかしばなし》『サルカニ合戦《がっせん》』。頼《たよ》りなさ過《す》ぎて帰《かえ》ってもらった助《すけ》っ人《と》を描《か》きなさい」

?

もともと「馬糞《ばふん》」とかもいる話《はなし》だし、なんでもアリな昔話《むかしばなし》！

◀恐「もうどうでもいい」って覚悟《かくご》を決《き》めた大人《おとな》ほど怖《こわ》いものはないからね。

クビをつうこくされて10日後に
無職になることがきまってる人間
キズだらけの車
「会社からはけんされて来たんだけど
サルとか村とかどうでもいい
だれかだれか僕に仕事をしょうかいしてください もう
会社の物はこわしませんから」

福島県／値上げなぜ

◀恐裏切《うらぎ》ってもこの顔《かお》なんだろうな。

裏切る貝から

新潟県／MK

ちょっとでかい
えのき

神奈川県／しめじ

▲恐猿《さる》に「ちょっとでかいな…」と気《き》にならせてスキを生《う》むことも!?

しりの穴をガムテープでとめた。
マンボウ

大阪府／H.N

▲恐帰《かえ》ってもらう前《まえ》に剥《は》がしてやって!!

ドラゴンEX

兵庫県／フライフライエビフライ

▲恐こいつ一人《ひとり》で全部《ぜんぶ》どうにかなるんじゃないかな。

◀恐耳《みみ》の良《よ》い猿《さる》には効果抜群《こうかばつぐん》だけど仲間《なかま》にも大《だい》ダメージ！

キーンてなる
マイク
キーン
キーン
キーン
キーン

茨城県／うんこたけのこ

今気《いまき》づいたけど社会《しゃかい》でも国語《こくご》でもサルの話《はなし》をしてますね。オモコロの奴《やっ》らはサルが大好《だいす》き!!

お題《だい》97

「アホ専用料理《せんようりょうり》『アホロンチーノ』。次《つぎ》のレシピの【?】の部分《ぶぶん》を文字《もじ》で埋《う》めて完成《かんせい》させなさい」

アホロンチーノの作《つく》り方《かた》

①具材《ぐざい》を水《みず》で洗《あら》う
②具材《ぐざい》を切《き》る
③塩《しお》・こしょうをかける
④鍋《なべ》で20分《ぷん》煮込《にこ》む
⑤仕上《しあ》げに
[**?**]
を入《い》れて完成《かんせい》。

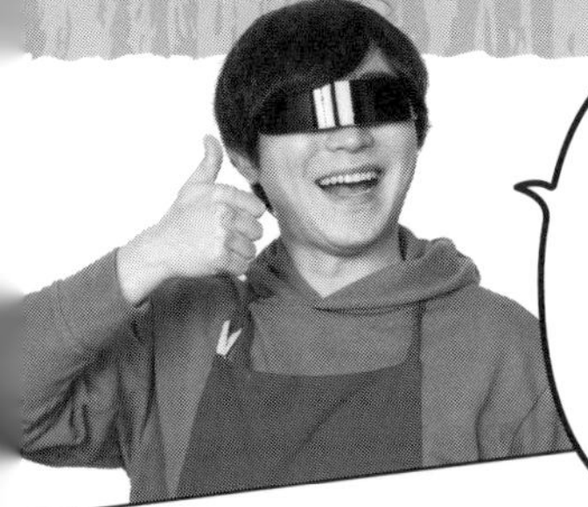

全国《ぜんこく》からアホなレシピが届《とど》いたぞ!!
ケツ!!!
(→理由《りゆう》の無《な》い叫《さけ》び)

元気なあいさつ
こんにちは!!

神奈川県／I.A

◀Ⓐ理由《りゆう》はわからないけど、なんかスゲー美味《おい》しくなりそうな気《き》がする！

仕上げに
力
を入れて完成

神奈川県／七転び八転び

▶Ⓐ最後《さいご》にギュッッッとして完成《かんせい》するの命《いのち》を吹《ふ》き込《こ》むみたいで最高《さいこう》！

なっとうをようきごと

城県／はると

▶Ⓐいまだかつて「容器《ようき》」が隠《かく》し味《あじ》だったことがあっただろうか……

「1万円を1000まいと
うんちをきざんだもの」

愛知県／カービィ大好きっ子

◀Ⓐきざむことによってちょっと食《た》べやすくしてんじゃねーよ!!

⑤仕上げに
クレジットカードと
家のかぎ
を入れて完成。

愛知県／コーティー

◀Ⓐこの2つ失《うしな》うの、絶体絶命《ぜったいぜつめい》すぎるだろ。

泥団子《どろだんご》の仕上《しあ》げに
かけることで有名《ゆうめい》な
さらこな!!

運動場で集めた

さらこな

神奈川県／I.K

今月《こんげつ》の
最優秀《さいゆうしゅう》賞《しょう》

全小学生《ぜんしょうがくせい》が
朝礼中《ちょうれいちゅう》にイジることで
有名《ゆうめい》なさらこな!?

Web宿題《ウェブしゅくだい》

お題《だい》98 世界一《せかいいち》やさしいおじいさんが、人生《じんせい》で唯一怒鳴《ゆいいつどな》ったセリフを教《おし》えてください

優秀賞《ゆうしゅうしょう》 **子供《こども》がハーゲンダッツを食《た》べるな!** 兵庫県／おもちくん

ビール飲《の》まないやつがおつまみ食《た》べるな 兵庫県／おもちくん **グミ買《か》ってやるぞー** 長野県／はみがきこ

そこだけはこちょこちょするんじゃない! 熊本県／まいまい

お題《だい》99 かっこよすぎるそばの食《た》べ方《かた》を教《おし》えてください

優秀賞《ゆうしゅうしょう》 **相手《あいて》が瞬《まばた》きした瞬間《しゅんかん》にチュルッと** 愛知県／コーティー

「朝《あさ》だ朝《あさ》だ朝《あさ》だ朝《あさ》だ朝《あさ》だ朝《あさ》だ」と言《い》いながら食《く》う 広島県／たっくん

食《た》べる前《まえ》に「ぷぎゃぁ」と言《い》う 愛知県／ドージ2世 **時計《とけい》だけ見《み》ながら食《た》べる** 北海道／財布だよ

オ
@オモボイス

メガネつけてる人《ひと》がおおい。

8歳／男性

本誌《ほんし》未公開《みこうかい》 2025年《ねん》コロコロ1月号分《がつごうぶん》

その頃《ころ》、オモコロチャンネルでは…

◀回答次第《かいとうしだい》ではカリフォルニアロケの可能性《かのうせい》すらありうる狂気《きょうき》の企画《きかく》。何《なに》が彼《かれ》らをそこまで駆《か》り立《た》てるのか。ちょっと渡米《とべい》してほしい気持《きも》ちがあるのも事実《じじつ》。

選《えら》んだお米《こめ》の産地《さんち》に絶対《ぜったい》行かなきゃいけないゲーム!

web宿題《ウェブしゅくだい》 今月《こんげつ》のスローガン

ついに最終回《さいしゅうかい》! 僕達《ぼくたち》はコロコロ編集部《へんしゅうぶ》のすべての机《つくえ》にウンコを5本《ほん》ずつしたため、このコーナーをクビになりました。細《ほそ》いウンコ4本《ほん》までならセーフだったらしいのですが、僕達《ぼくたち》は太《ふと》い5本《ほん》を五角形《ごかくけい》に並《なら》べていたのでクビだそうです。みんなは細《ほそ》い4本《ほん》までにしような! それじゃあ最後《さいご》のハガキを発表《はっぴょう》だ!

「このベイ女《おんな》の子《こ》かな」
岩手県／ま

「ゲップのリモコン」
茨城県／豆乳キャラメル

「ラーメンバーミー」
茨城県／うんこたけのこ

「お前《まえ》はカッパだ溺《おぼ》れない」
北海道／ももっちゃん

「オナラテストオナラテスト」
北海道／レッドブルー

今月《こんげつ》の優秀《ゆうしゅう》スローガン

優秀賞《ゆうしゅうしょう》

「最後《さいご》の溶《と》けない氷《こおり》」

大阪府／かーはーき

溶《と》けない氷《こおり》はちょっと迷惑《めいわく》だけど、それぐらいの強《つよ》い気持《きも》ちで生《い》きていたいよな。おめぇら、最後《さいご》まで絶対絶対《ぜったいぜったい》溶《と》けんじゃねえぞ!!!

オ @オモボイス

これからもとりあえず頑張《がんば》って。

10歳／男性

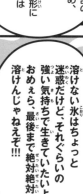

お題《だい》100

「タイムカプセルに入《い》れたいアホなアイテムを描《か》きなさい」

何十年後《なんじゅうねんご》かに
みんながビックリ
するものを
入《い》れちゃおう！

①社会
自家製
プリン！

大阪府／ H.N

▲加 瓶入《びんい》りのこだわりプリンを!?

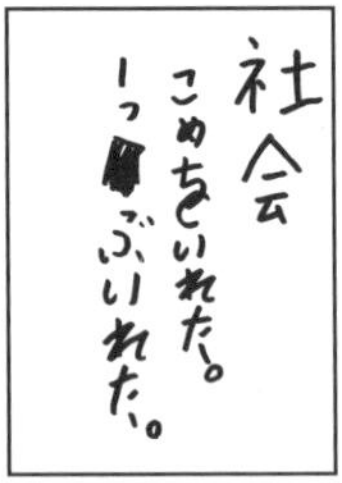
社会
こめちといれた。
1っぶいれた。

神奈川県／ U.G

▲加 ひと粒《つぶ》だけの言《い》い方《かた》が良《よ》すぎる…。

TIME
TIME
買ったばかりのさしみ入りのおにぎり

香川県／みの

▲加 腐《くさ》るだろ！　あとそのおにぎり何《なに》…？

② 社会
すいはんきについてるぺりぺり

兵庫県／たろう

▲加 開《あ》けた時残念過《ときざんねんす》ぎるだろ！

辞表

福島県／ K.U

▲加 いつ辞《や》めるんだよ！

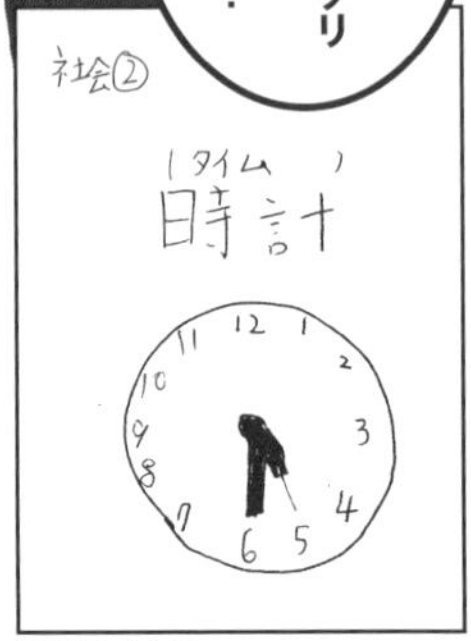
社会②
「タイム」
時計

奈良県／ A.S

▲A 時《とき》を止《と》めたつもりが動《うご》き続《つづ》ける…屈辱的《くつじょくてき》だ。

?
TIME

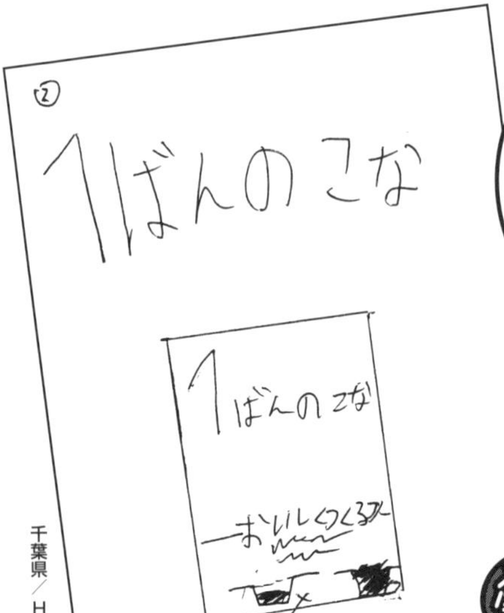
②
1ばんのこな
1ばんのこな

千葉県／ H.S

何年《なんねん》も待《ま》って、
こんな
ハズレの
タイムカプセルは
アホすぎる!!
優秀賞《ゆうしゅうしょう》

▲加 2番《ばん》の粉《こな》もないと成立《せいりつ》しないだろ！　ワードのおもしろさで文句《もんく》なしの優秀賞《ゆうしゅうしょう》！

お題《だい》101

「オモコロ放課後《ほうかご》クラブの校歌《こうか》のフレーズを書《か》きなさい」

募集①音楽
とっても
グッド

神奈川県／I.K

▲Ⓐこの歌詞《かし》を大勢《おおぜい》で歌《うた》ってる学校《がっこう》、最高《さいこう》すぎる！

ぼしゅう①おんがく
山もり
ピーナッツ
ピ

神奈川県／I.K

▲Ⓐおそらく世界《せかい》で一番《いちばん》アホな言葉《ことば》、それが山《やま》もりピーナッツ。

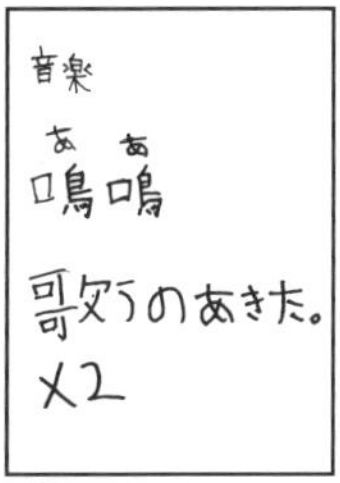
音楽
嗚《あ》嗚《あ》
歌うのあきた。
×2

千葉県／I.K

▲Ⓐ飽《あ》きたなら2回《かい》も言《い》うなや!!

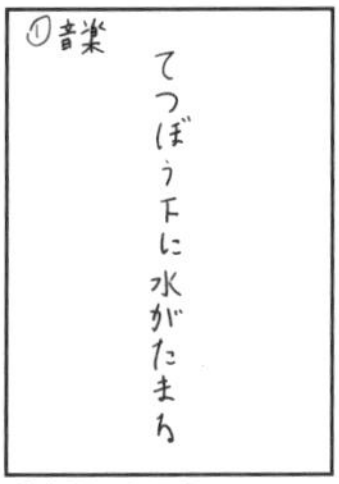
①音楽
てつぼう下に水がたまる

兵庫県／たろう2

▲Ⓐめちゃくちゃわかる！　あそこに落《お》ちると最悪《さいあく》だよな！

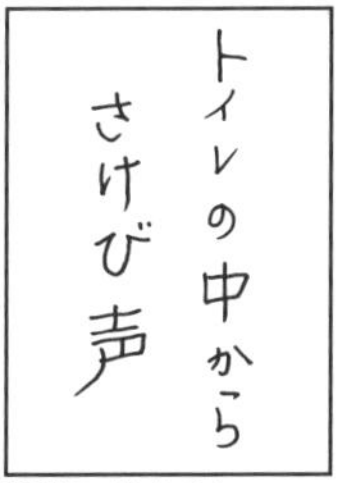
トイレの中から
さけび声

茨城県／ちとこた

▲Ⓐ普通《ふつう》に怖《こわ》。

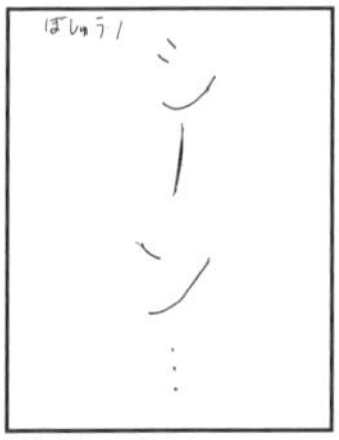
ぼしゅう！
シーン…

茨城県／はると

▲Ⓐ全校児童《ぜんこうじどう》が一斉《いっせい》に黙《だま》る瞬間《しゅんかん》があるってこと!? 新《あたら》じすぎる！

ぼしゅう①
くちパク

京都府／K.Y

▲Ⓐこの指示《しじ》がある校《こう》歌《か》って世界初《せかいはつ》じゃない!?

ぼしゅう①音楽
「あ〜

山梨県／ちくわ

▲Ⓐこの全部嫌《ぜんぶいや》になった感《かん》じが最高《さいこう》!!

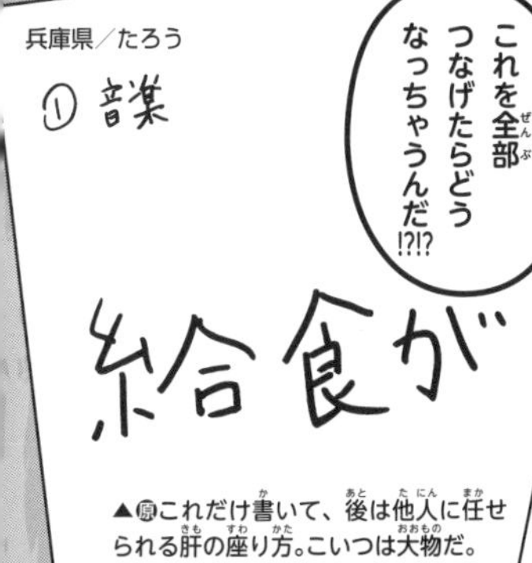
兵庫県／たろう
①音楽
給食が

▲㊗これだけ書《か》いて、後《あと》は他人《たにん》に任《まか》せられる肝《きも》の座《すわ》り方《かた》。こいつは大物《おおもの》だ。

これを全部《ぜんぶ》つなげたらどうなっちゃうんだ!?!?

募集①音楽
おいしさを
おとどけ

神奈川県／I.K

▲㊗果《は》たして何《なん》のおいしさになったのか…

?

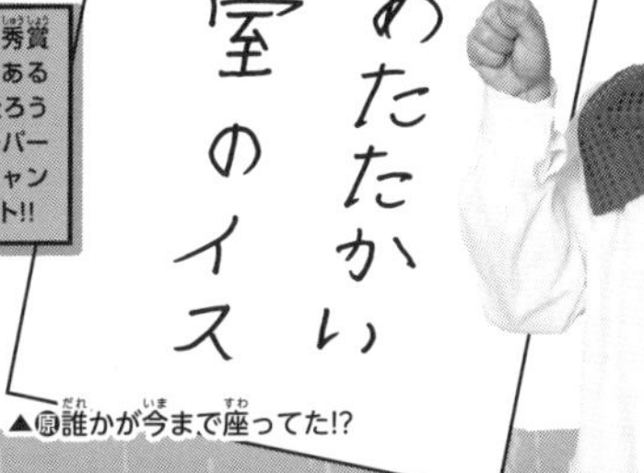
茨城県／うんこたけのこ
生あたたかい
教室のイス

▲㊗誰《だれ》かが今《いま》まで座《すわ》ってた!?

今月《こんげつ》の最優秀賞《さいゆうしゅうしょう》

最後《さいご》の最後《さいご》で最優秀賞《さいゆうしゅうしょう》を取《と》ったのは勇気《ゆうき》ある3文字《もじ》を書《か》いた、たろう君《くん》！　ソフト『スーパーマリオパーティジャンボリー』をプレゼント!!

← いよいよ校歌斉唱《こうかせいしょう》！

最後《さいご》にみんなの力《ちから》で校歌《こうか》を作《つく》ろうぜ！

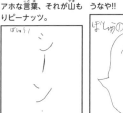

#「オモコロ放課後《ほうかご》クラブ」校歌斉唱《こうかせいしょう》

作詞《さくし》：オモコロ放課後《ほうかご》クラブ卒業生《そつぎょうせい》
作曲《さっきょく》：オモコロ教職員《きょうしょくいん》

生《なま》あたたかい
教室《きょうしつ》のイス
てっぽう下《した》に
水《みず》がたまる
給食《きゅうしょく》が
山《やま》もりピーナッツ
おいしさをおとどけ
（口《くち》パク）

口《くち》パクでいいのは楽《らく》でいい！

カスすぎる学校《がっこう》だな…‼

Web宿題《ウェブしゅくだい》

お題《だい》102 千歳超《せんさいご》えのおばあちゃんの長寿《ちょうじゅ》の秘訣《ひけつ》を教《おし》えてください

優秀賞《ゆうしゅうしょう》 **レバーを克服《こくふく》している** 愛知県／イカっぽいイカ

マックやね 奈良県／ジョリピー **朝《あさ》、昼《ひる》、晩《ばん》、すべて寝《ね》ちょる** 埼玉県／覚醒トマトマト

自分一人《じぶんひとり》で何《なに》かを考《かんが》えていた 青森県／コーヒー **死《し》ぬのが怖《こわ》いから** 愛知県／腐ってる豆腐

お題《だい》103 『仮病《けびょう》ファイター ヤスム』に出《で》てくるセリフを書《か》きなさい

優秀賞《ゆうしゅうしょう》 **病気《びょうき》になったら仮病《けびょう》できねーじゃん** 埼玉県／野菜生活じゃねーぞ!

おかゆ以外《いがい》も食《た》べたい…?? 神奈川県／江戸のつけまつ毛 **体温計《たいおんけい》に恋《こい》をしたんだ** 愛知県／コーティー

なんだか最近《さいきん》、母《はは》が優《やさ》しすぎる気《き》がする 岡山県／リッピーちゃん **俺《おれ》に漢方《かんぽう》は効《き》かん!!!** 神奈川県／たくみ

トイレの中《なか》から
さけび声《ごえ》
「あ〜〜〜」

先生《せんせい》から心配《しんぱい》されるくらい長《なが》く叫《さけ》ぼう！

とってもグッド
鳴呼《ああ》 歌《うた》うのあきた
鳴呼《ああ》 歌《うた》うのあきた
シーン

いつの日《ひ》か、生徒全員《せいとぜんいん》で歌《うた》えるといいな！

表笑状

名前　　　　殿

あなたはコロコロコミックの読者投稿ページ「オモコロ放課後クラブ」でオモろすぎな成績を収められました。
よってさらなる研鑽を積んでいただくために
この特製下敷きを送り、これを賞します。

あんたはおもろい。

コロコロコミック編集部&オモコロ放課後クラブ教師一同

特別公開《とくべつこうかい》！

最優秀賞《さいゆうしゅうしょう》&《アンド》優秀賞《ゆうしゅうしょう》でもらえた オモコロ特製下敷《とくせいしたじ》き

投稿《とうこう》の賞品《しょうひん》としてプレゼントされた特製《とくせい》のコラボ下敷《したじ》きを極秘公開《ごくひこうかい》！　裏面《うらめん》は入手《にゅうしゅ》した人《ひと》しか見《み》ることができなかったので貴重《きちょう》かも…!?

▶裏面《うらめん》は、学校生活《がっこうせいかつ》すごろくにオモコロ教職員一同《きょうしょくいんいちどう》が爆笑《ばくしょう》ルールを追加《ついか》。昼休《ひるやす》み中《ちゅう》にゴールできるのか…!?

◀下敷《したじ》きとして学校《がっこう》で使《つか》え、さらに表彰状《ひょうしょうじょう》として友《とも》だちに自慢《じまん》できちゃうという、オモコロキッズ感涙《かんるい》の逸品《いっぴん》。

オ
@オモボイス

クソお世話《せわ》になりました!!!

26歳／二刀流

オモコロ教職員《きょうしょくいん》から
オモコロ放課後《ほうかご》クラブ卒業生《そつぎょうせい》への通信簿《つうしんぼ》

オモロな投稿《とうこう》をがんばってくれた、そして作品《さくひん》をいっしょに笑《わら》ってくれた読者《どくしゃ》のみんなにオモコロ教職員一同《きょうしょくいんいちどう》からありがたい一言《ひとこと》！ 声《こえ》を出《だ》しながら読《よ》んでね。そして最後《さいご》にもう一度《いちど》、感情《かんじょう》をこめながら校歌斉唱《こうかせいしょう》で、はれて卒業《そつぎょう》！ 本当《ほんとう》におめでとう!!

校長《こうちょう》
永田《ながた》

今《いま》まで投稿《とうこう》ありがとう!!　みんなに教《おし》えるつもりが逆《ぎゃく》に先生達《せんせいたち》の方《ほう》が教《おし》えられた気《き》がします。どんなにバカなことでも一生懸命《いっしょうけんめい》やれば、「一《いっ》生懸命《しょうけんめい》やってるバカ」にはなれる、ってな！　それで充分《じゅうぶん》！ 夢中《むちゅう》になれることに自分《じぶん》の時間《じかん》を費《つい》やそう！ 大人《おとな》になったらNISA《ニーサ》で資産形成《しさんけいせい》もしよう！　そういうのも大事《だいじ》。マジ。

理科担当《りかたんとう》
原宿《はらじゅく》

①ピーマンを細《こま》かく刻《きざ》む。シーチキン缶《かん》の油《あぶら》をきっておく②耐熱《たいねつ》ボウルにピーマン、シーチキン、ごま油《あぶら》、鳥《とり》ガラスープ、塩《しお》コショウを入《い》れて混《ま》ぜ、電子《でんし》レンジで2分加熱《ふんかねつ》する③お好《この》みで白《しろ》ごま、かつおぶしなどをかけて「無限《むげん》ピーマン」の完成《かんせい》。

社会担当《しゃかいたんとう》
加藤《かとう》

みんなとのクラブ活動楽《かつどうたの》しかったよ！　終《お》わってもバカなことを考《かんが》え続《つづ》けてくれよな！　実《じつ》は、今《いま》までこのコーナーで使《つか》っていた写真《しゃしん》は初日《しょにち》に撮《と》ったモノを使《つか》いまわしていたんだ！　効率的《こうりつてき》にバカをしていこうね！

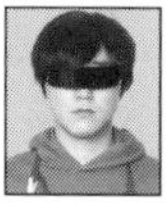

図工担当《ずこうたんとう》
ARuFa《アルファ》

みなさんには将来《しょうらい》の夢《ゆめ》はありますか?　人《ひと》によって夢《ゆめ》は違《ちが》うと思《おも》いますが、なりたい自分《じぶん》に向《む》かって全力《ぜんりょく》で努力《どりょく》してください。その努力《どりょく》こそがあなたの人生《じんせい》をより素《す》敵《てき》なものにするでしょう。僕《ぼく》ですか?　僕《ぼく》の夢《ゆめ》はチンコでブラックバスを釣《つ》ることです。

国語担当《こくごたんとう》
ダ・ヴィンチ・恐山《おそれざん》

毎月《まいつき》どんどんおもしろくなっていくハガキにみんなの凄《すさ》まじい成長《せいちょう》を感《かん》じて思《おも》わず涙《なみだ》がホロリとこぼれてしまいました(なめたらソルティライチと同《おな》じ味《あじ》でした)！　二刀流《にとうりゅう》コーマはだんだん二重人格《にじゅうじんかく》キャラを忘《わす》れて最近《さいきん》ただ元気《げんき》なだけの人《ひと》になってきているので、この成長《せいちょう》を見習《みなら》ってほしいです！ 100億点《おくてん》!!

コロコロ編集部《へんしゅうぶ》から 5人《にん》へのドッキリ!?通信簿《つうしんぼ》

当時《とうじ》のコーナー担当《たんとう》
二刀流《にとうりゅう》コーマ

小学生《しょうがくせい》の投稿《とうこう》に対《たい》して一切《いっさい》の妥協《だきょう》なし！　毎月《まいつき》１時間以上《じかんいじょう》ハガキを囲《かこ》みながらガチで選定《せんてい》している姿《すがた》、超《ちょう》カッコ良《よ》かったぜ!! オモコロのみんなにコーナーを担当《たんとう》してもらえて本当《ほんとう》によかったです!!　ありがとうございました!!!

驚異《きょうい》の採用枚数《さいようまいすう》をほこる次世代《じせだい》ハガキ職人《しょくにん》は姉妹《しまい》だった!?

天才《てんさい》姉妹《しまい》×オモコロ

H:K《エイチ ケー》&《アンド》H:N《エイチ エヌ》

コロコロ編集部《へんしゅうぶ》で特別《とくべつ》

対談《たいだん》!!

毎号《まいごう》採用《さいよう》されるほどの子《こ》どもハガキ職人《しょくにん》2人《ふたり》に取材《しゅざい》を申《もう》し込《こ》んだところ、なんと姉妹《しまい》であることが判明《はんめい》！　オモコロ教職員《きょうしょくいん》とのインタビューが実現《じつげん》したぞ！

インタビューする人《ひと》／永田《ながた》、原宿《はらじゅく》、加藤《かとう》、ダ・ヴィンチ・恐山《おそれざん》、ARuFa《アルファ》(以下《いか》：AR《アルファ》)
インタビューされる人《ひと》／姉《あね》H.K(以下《いか》：K《ケー》)妹《いもうと》H.N(以下《いか》：N《エヌ》)

撮影《さつえい》／平田《ひらた》 貴章《たかあき》(カウマンズスタジオLLC.《エルエルシー》)
姉妹《しまい》の似顔絵《にがおえ》イラスト／めしでん

▶コロコロの歴史《れきし》がつまった編集会議室《へんしゅうかいぎしつ》に姉妹《しまい》をご招待《しょうたい》！　ちなみに、ここでいつもハガキの選定《せんてい》をやっていました。

大阪《おおさか》の天才《てんさい》姉妹《しまい》は人気《にんき》タレントみたいなスケジュールで来《き》た

AR《アルファ》 こんにちは！　今日《きょう》はよろしくお願《ねが》いします！

K&N《ケーアンドエヌ》 お願《ねが》いします。

恐山《おそれざん》 いきなりたくさんの大人《おとな》に囲《かこ》まれて緊張《きんちょう》しますよね。

加藤《かとう》 しかも仮面《かめん》と目隠《めかく》しをしてる大人《おとな》もいるから余計《よけい》にね。

恐山《おそれざん》 そして実《じつ》は、私《わたし》たちも人見知《ひとみし》りなんですよ。

AR《アルファ》 人見知《ひとみし》りモジモジおじさんの集《あつ》まりだから、緊張《きんちょう》しなくて大丈夫《だいじょうぶ》だよ！

原宿《はらじゅく》 ここは東京《とうきょう》のコロコロ編集部《へんしゅうぶ》だけど、2人《ふたり》はどこから来《き》たんですか？

K《ケー》 今日《きょう》の朝《あさ》、大阪《おおさか》から飛行機《ひこうき》で来《き》ました。

AR《アルファ》 え！　じゃあさっき東京《とうきょう》に着《つ》いたばかりってこと⁉

永田《ながた》 今日《きょう》は日曜日《にちようび》だから、もしかして明日《あした》は学校《がっこう》？

K《ケー》 はい。このあと大阪《おおさか》に帰《かえ》ります。

AR《アルファ》 人気《にんき》タレントみたいなスケジュールじゃん！

恐山《おそれざん》 明日《あした》この出来事《できごと》をクラスのみんなに説明《せつめい》するのは難《むずか》しそうですね。

K《ケー》 しないかも……。

加藤《かとう》 してよ！

姉妹《しまい》の投稿《とうこう》ハガキについて

永田《ながた》 この机《つくえ》に並《なら》べているのは、全部《ぜんぶ》2人《ふたり》がこれまで投稿《とうこう》してくれたハガキらしいよ。

AR《アルファ》 こんなに送《おく》ってくれてたの⁉ すごすぎ！

恐山《おそれざん》 郵便局《ゆうびんきょく》の売《う》り上《あ》げにどれだけ貢献《こうけん》したんだろう……。

加藤《かとう》 郵便局《ゆうびんきょく》の人《ひと》にも「ハガキの姉妹《しまい》」って認識《にんしき》されてそうだね。

AR《アルファ》 この中《なか》で覚《おぼ》えているハガキとかある？

K《ケー》 うーん……。いっぱい出《だ》してるから全部《ぜんぶ》は分《わ》からないかも……。

恐山《おそれざん》 確《たし》かに送《おく》ったら手元《てもと》に残《のこ》らないですもんね。

永田《ながた》 でも受賞《じゅしょう》したハガキは僕《ぼく》らもよく覚《おぼ》えてるな〜！

加藤《かとう》 「ぐんてのサル」のハガキとか、めっちゃ面白《おもしろ》かったよね。

永田《ながた》 お題《だい》は「干支《えと》のメンバーを総入《そうい》れ替《か》え」だっ

K《ケー》 たね。でも「ぐんてのサル」は、送《おく》ったときは自信《じしん》なかったです。

▲お題《だい》：干支《えと》のメンバーを総入《そうい》れ替《か》えします。新《あたら》しいメンバーをイラストでひとつ描《か》きなさい。(82P《ページ》)

AR《アルファ》 そうなの!? あんなに面白《おもしろ》いのに!?

N《エヌ》 自信《じしん》ないハガキが採用《さいよう》されるときもあるし、逆《ぎゃく》に自信《じしん》あるハガキが採用《さいよう》されないこともめっちゃありました。

恐山《おそれざん》 自信《じしん》あるハガキが採用《さいよう》されないと「やっぱりこいつら、センスねーな」って思《おも》います?

AR《アルファ》 そんなこと聞《き》くな!

永田《ながた》 ちなみに毎月何枚《まいつきなんまい》くらいハガキを送《おく》ってくれたんですか?

N《エヌ》 1つのお題《だい》に3枚《まい》ぐらいです。

一同《いちどう》 1つに3枚《まい》!?

AR《アルファ》 ネタの質《しつ》もすごいし手数《てかず》もすごい……。

恐山《おそれざん》 そういうお便《たよ》りを送《おく》る人《ひと》を「ハガキ職人《しょくにん》」って言《い》うんですけど、2人《ふたり》は最年少《さいねんしょう》のハガキ職人《しょくにん》かも。

加藤《かとう》 ハガキのネタは姉妹《しまい》2人《ふたり》で相談《そうだん》しながら考《かんが》えてるの?

N《エヌ》 相談《そうだん》はしないですね。

加藤《かとう》 じゃあ送《おく》る前《まえ》にお互《たが》いに見《み》せ合《あ》ったりは?

K《ケー》 それもしないです。

恐山《おそれざん》 クールすぎるぜ。

加藤《かとう》 すごいなぁ。採用《さいよう》されて初《はじ》めてお互《たが》いのネタが分《わ》かるんだ。

原宿《はらじゅく》 姉妹《しまい》のどちらかだけ採用《さいよう》されて悔《くや》しいと思《おも》うことはあった?

N《エヌ》 全然《ぜんぜん》ないです!

K《ケー》 どちらかというと嬉《うれ》しい。

一同《いちどう》 へぇ～!

AR《アルファ》 互《たが》いに認《みと》め合《あ》いながら競《きそ》い合《あ》ってる。本当《ほんとう》の強者《きょうしゃ》ってこういうことなのかも。

永田《ながた》 そういえば、このコーナーにハガキを出《だ》すようになったキッカケってなんなの?

K《ケー》 お母《かあ》さんがたまにコロコロコミックを買《か》ってくれてて「このコーナーにハガキ出《だ》してみたら?」って誘《さそ》われたのが最初《さいしょ》です。

原宿《はらじゅく》 最初《さいしょ》から興味《きょうみ》あったわけじゃなくて、なんとなくなんだ!

永田《ながた》 そしたら採用《さいよう》されまくりの賞獲《しょうと》りまくり。

永田《ながた》 最優秀賞《さいゆうしゅうしょう》は何本《なんぼん》とったんだっけ?

K《ケー》 2人《ふたり》あわせて最優秀賞《さいゆうしゅうしょう》が3本《ぼん》、優秀賞《ゆうしゅうしょう》が4本《ほん》らしいです。

AR《アルファ》 すごすぎ!!

加藤《かとう》 この「かわいくてなさけないパンツ」は最優《さいゆう》秀賞《しゅうしょう》だったよね。パンツの絵《え》も本当《ほんとう》にかわいくてなさけなくていいよね。

▼お題《だい》：この人《ひと》たちに変《へん》なものを応援《おうえん》させなさい。(49P《ページ》)

恐山《おそれざん》 選考《せんこう》では、集《あつ》まったハガキを机《つくえ》に並《なら》べて、裏《うら》側《がわ》の名前《なまえ》を見《み》ずにネタだけ見《み》て選《えら》ぶんです。そのあと裏返《うらがえ》すといつも姉妹《しまい》の名前《なまえ》があって。「こいつらは一体何者《いったいなにもの》だ!?」ってなりましたよね。

AR《アルファ》 気付《きづ》いたときはザワつきましたよね。「名字《みょうじ》が同《おな》じだから……まさか姉妹《しまい》!?」って。

原宿《はらじゅく》 あとさ、この「ウンコねずみのいきをはくまないた」って……。

▲干支《えと》のメンバーを総入《そうい》れ替《か》えします。新《あたら》しいメンバーをイラストでひとつ描《か》きなさい。(82P《ページ》)

一同《いちどう》 おもしろッ!

原宿《はらじゅく》 普通《ふつう》だったら「ウンコねずみ」で十分《じゅうぶん》じゃないかなって思《おも》うんだけど。

恐山《おそれざん》 それだけですでに1個《こ》ネタが成立《せいりつ》してますからね。

原宿《はらじゅく》 なぜそこに「いきをはくまないた」を足《た》せたのか。これは『ウンコねずみ』だけだとちょっと足《た》りないかな?」って思《おも》ったの?

N《エヌ》 わかんないけど、付《つ》けたほうがいいかなって。

加藤《かとう》 ウンコねずみのインパクトに対《たい》して、「まないた」の方《ほう》が強《つよ》い言葉《ことば》じゃないのが逆《ぎゃく》にいいよね。置《お》いてる感《かん》じ。

恐山《おそれざん》 ずっとこういう言葉《ことば》を考《かんが》え続《つづ》けているのか……。

AR《アルファ》 面白《おもしろ》い言葉《ことば》を見極《みきわ》める感覚《かんかく》がすごいよね。この「永田《ながた》のハチマキにのりしおとかいてしまいました。」も、めっちゃいい。普通《ふつう》に「ウンチ」と書《か》いてもいいのに、そこを「のりしお」にしたのが面白過《おもしろす》ぎる。

恐山《おそれざん》 言葉《ことば》の面白《おもしろ》さって難《むずか》しいですよね。これが「コンソメ」だと違《ちが》ってしまう。

AR《アルファ》 確《たし》かにここは「のりしお」だよね! ひらがなの方《ほう》が面白《おもしろ》い!

原宿《はらじゅく》 そう。「コンソメ」だとなんか違《ちが》う……。

永田《ながた》 「コンソメ」はやりすぎ。

AR《アルファ》 バランス感覚《かんかく》が素晴《すば》らしいんだよなぁ。

コロコロコミックについて

AR《アルファ》 毎月《まいつき》コロコロが発売《はつばい》されて採用《さいよう》を確認《かくにん》するときは、やっぱりドキドキする?

K&N《ケーアンドエヌ》 うん。ドキドキします。

AR《アルファ》 するよねぇ〜! 載《の》ってるかな〜? って。

原宿《はらじゅく》 それで実際《じっさい》に載《の》ってるんだからすごいよなあ。コロコロ買《か》ったら真《ま》っ先《さき》に「オモコロ放《ほう》課後《かご》クラブ」を見《み》るの?

K《ケー》 最初《さいしょ》にまんがをチラッと見《み》ます。

恐山《おそれざん》 いきなり結果《けっか》を見《み》るのは心臓《しんぞう》に悪《わる》いですからね。プールに入《はい》る前《まえ》に通《とお》らされる変《へん》な水《すい》槽《そう》と同《おな》じ。

加藤《かとう》 コロコロのまんがだと何《なに》が好《す》き?

N《エヌ》 『スプラトゥーン』です。

AR《アルファ》 面白《おもしろ》いよねぇ。

恐山《おそれざん》 私《わたし》はマニューバーのスライドが難《むずか》しくてめちゃくちゃ撃《う》ち負《ま》けてます。

N《エヌ》 『ゴルシちゃん※』も好《す》き。

※週刊《しゅうかん》コロコロコミックで連載中《れんさいちゅう》の『ウマ娘《むすめ》 ピスピス☆スピスピゴルシちゃん』

原宿《はらじゅく》 「ウマ娘《むすめ》」まで読《よ》んでるんだ!

恐山《おそれざん》 原宿《はらじゅく》さんは本当《ほんとう》の馬《うま》のほうの競馬《けいば》好《ず》きですもんね。

原宿《はらじゅく》 ゴールドシップはすごく強《つよ》い馬《うま》なんだよ。ただ気《き》まぐれで気性《きしょう》が荒《あら》いからコテッと負《ま》けたりしてね。2012年《ねん》の皐月賞《さつきしょう》は内田《うちだ》さんの判断《はんだん》も凄《すご》かった。

K&N《ケーアンドエヌ》 ?

永田《ながた》 子《こ》ども相手《あいて》に伝《つた》わる話《はなし》じゃないだろ。

AR《アルファ》 こういう大人《おとな》になっちゃだめだよ。

AR《アルファ》 ところで2人《ふたり》は絵《え》も上手《じょうず》だけど、自由帳《じゆうちょう》とか好《す》きなの?

K《ケー》 めっちゃ好《す》き。

N《エヌ》 大好《だいす》きすぎる。

AR《アルファ》 わかるぜその気持《きも》ち。普段《ふだん》は何《なに》描《か》いてるの?

K《ケー》 ポケモンのマンガ。

N《エヌ》 パンダの絵本《えほん》。

恐山《おそれざん》 私《わたし》は不良《ふりょう》のクラスメイトが大豆《だいず》になるマンガを描《か》いてたら殴《なぐ》られたことがあります。

AR《アルファ》 2人《ふたり》は普段《ふだん》から絵《え》をいっぱい描《か》いてるのがハガキからも伝《つた》わってくるよね。

原宿《はらじゅく》　ハガキを書《か》くときに気《き》をつけていることはあった?

N《エヌ》K《ケー》　見《み》やすいペンを使《つか》うことです。分《わ》かりやすく大《おお》きく字《じ》を書《か》くようにしていました。

加藤《かとう》　その大事《だいじ》さに自然《しぜん》と気《き》づいてるのはすごすぎ!

永田《ながた》　2人《ふたり》とも誌面《しめん》に載《の》るときの見《み》え方《かた》をちゃんと考《かんが》えてるよね。

恐山《おそれざん》　ネタが伝《つた》わるか不安《ふあん》になって絵《え》に細《こま》かい説《せつ》明文《めいぶん》を書《か》くと、小《ちい》さく掲載《けいさい》するとき文字《もじ》が潰《つぶ》れて見《み》えなくなってしまうから結局採用《けっきょくさいよう》されにくい。でも2人《ふたり》はそういうことをしない強《つよ》さを持《も》っている。

AR《アルファ》　太《ふと》いペンで書《か》いてくれてるよね。2人《ふたり》のハガキは面白《おもしろ》いのはもちろんだし、離《はな》れて見《み》ても分《わ》かりやすいのがすごく良《よ》かった!

パパとママが見《み》るまで秘密《ひみつ》

加藤《かとう》　シンプルな回答《かいとう》は特《とく》にでっかく描《か》いてくれてましたね。

原宿《はらじゅく》　ネタの内容《ないよう》を考《かんが》えるときに気《き》をつけていることはあったの?

K《ケー》　パクらないことと、おもしろくないやつは出《だ》さないことです。

N《エヌ》　オリジナルにすること。ほんまにおもしろいやつを出《だ》す。

永田《ながた》　本当《ほんとう》にかっこいい姉妹《しまい》だ。

AR《アルファ》　掛《か》け軸《じく》に飾《かざ》りたい言葉《ことば》ですね。

原宿《はらじゅく》　人《ひと》の言《い》ってることにかぶせるんじゃなくて、自分《じぶん》のおもしろいと思《おも》うことを突《つ》き詰《つ》めてるのがいいね。

AR《アルファ》　ちなみに2人《ふたり》は、学校《がっこう》の授業中《じゅぎょうちゅう》とかにハガキの回答《かいとう》を考《かんが》えちゃうことはある?

K《ケー》　あんまりないかも……。

N《エヌ》　うん。

AR《アルファ》　授業中《じゅぎょうちゅう》はどんなこと考《かんが》えてるの?

N《エヌ》　昨日《きのう》みた夢《ゆめ》のことを整理《せいり》してる。

加藤《かとう》　おもしろっ。

永田《ながた》　N《エヌ》ちゃんが一番最初《いちばんさいしょ》にハガキを送《おく》ってくれたときはまだ6歳《さい》で幼稚園年長《ようちえんねんちょう》だったらしいよ。

一同《いちどう》　ええ～っ!?

原宿《はらじゅく》　ふたりとも、投稿《とうこう》しながら絵《え》も字《じ》もうまくなって、洗練《せんれん》されていってるよね。

恐山《おそれざん》　絵《え》だったら私《わたし》は「デリバリーポップコーン」が好《す》きですね。「デリバリーポップコーン」って存在《そんざい》しないのに、まるであるかのように描《か》いてるのがいい。

加藤《かとう》　この「うんこばこからてがみがとどきました」も絵《え》が可愛《かわい》くて面白《おもしろ》い。

永田《ながた》　組《く》み合《あ》わせる言葉《ことば》のセンスがズバ抜《ぬ》けてるよね。「ベーコンのマット」とか、普通思《ふつうおも》いつかない。

AR《アルファ》　「おりにつかまったかえるのふうふ」もいい。

原宿《はらじゅく》　これいいよね。ちょっと物騒《ぶっそう》で。

▶お題《だい》：ハチャメチャ小学《しょうがっ》校《こう》オリジナルの授業名《じゅぎょうめい》を書《か》きなさい。（102P《ページ》）

◀お題《だい》：「結婚《けっこん》してくださいー!」プロポーズで渡《わた》しているものを、おもしろく描《か》きなさい。（155P《ページ》）

K《ケー》　このハガキは自分《じぶん》でも気《き》に入《い》ってます。かわいくておもしろいから。

原宿《はらじゅく》　カエルが泣《な》いてるのもいいなぁ。これは「おりにつかまったかえる」で止《と》めるのはやっぱりダメ？

K《ケー》　う～ん、ふうふがあったほうが面白《おもしろ》いとその時《とき》に思《おも》ったんだと思《おも》います。

永田《ながた》　「家族《かぞく》」ではなく「夫婦《ふうふ》」だもんね。言語《げんご》センスが絶妙《ぜつみょう》だよなぁ。

K《ケー》　かえるはどこでも夫婦《ふうふ》で一緒《いっしょ》にいると思《おも》ったから。

AR《アルファ》　N《エヌ》ちゃんは採用《さいよう》されたハガキでお気《き》に入《い》りある？

N《エヌ》　「ちきゅうの上《うえ》におすしのかみがた」かな。大《おお》きい地球《ちきゅう》の上《うえ》におすしがのっていてワクワクします。

恐山《おそれざん》　おすしってだけじゃなく「かみがた」になるのが、自分《じぶん》には思《おも》いつかないなあ。

▲お題《だい》：ツルッツルな永田校長《ながたこうちょう》の髪型《かみがた》をおバカに描《か》きなさい②(67P《ページ》)

原宿《はらじゅく》　2人《ふたり》のハガキがコロコロで採用《さいよう》されてるのって、クラスのみんなはどんな反応《はんのう》？やっぱりクラスのヒーロー？

N《エヌ》　いや、秘密《ひみつ》にしてます。

原宿《はらじゅく》　人《ひと》に自慢《じまん》できることではないと思《おも》っている!?

永田《ながた》　雑誌《ざっし》に載《の》って、しかもゲームソフトもらえるなんて、俺《おれ》だったらウザすぎるくらい自《じ》慢《まん》しちゃうけどな！

AR《アルファ》　ゲームソフト以外《いがい》にも、オモコロ下敷《したじ》きもありますよね。

永田《ながた》　そうだ！　かなりの数《かず》をもらってるはず。

AR《アルファ》　もちろんあの下敷《したじ》きを学校《がっこう》で使《つか》いまくってますよね？

K&N《ケーアンドエヌ》　使《つか》ってないです。

加藤《かとう》　やっぱり人《ひと》に自慢《じまん》できることではないと思《おも》っている!?

恐山《おそれざん》　紙《かみ》に透《す》けて我々《われわれ》の顔《かお》が見《み》えるし、使《つか》う人《ひと》のことを考《かんが》えていないデザインではある。

加藤《かとう》　裏《うら》にスゴロクもあって、いかにもサボる子《こ》用《よう》の下敷《したじ》きだもんね。

▲これが問題《もんだい》の特製下敷《とくせいしたじ》きである…。

恐山《おそれざん》　採用《さいよう》されたらお母《かあ》さんやお父《とう》さんには言《い》いますか？

K《ケー》　言《い》ってます。「良《よ》かったな！」「K《ケー》とN《エヌ》のハガキが一番《いちばん》おもしろい」って言《い》ってくれる。

N《エヌ》　言《い》いたいけど、ママとパパが見《み》るまで秘密《ひみつ》にしてあげる。ママは喜《よろこ》んでスマホの待《ま》ち受《う》けにしてます。

永田《ながた》　ええ話《はなし》や……。

原宿《はらじゅく》　私《わたし》たちのコーナーが家族《かぞく》の絆《きずな》を深《ふか》めているのなら、こんなにいいことはない。

恐山《おそれざん》　ほかの採用者《さいようしゃ》のことは気《き》になりますか？

K《ケー》　いろいろ気《き》になります。好《す》きなハガキは、Hさんのきゅうりのやつ（2023・9月号《がつごう》社《しゃ》

会《かい》49P《ページ》掲載《けいさい》）

加藤《かとう》 あれ面白《おもしろ》いよね。

N《エヌ》 わたしは他《ほか》の人《ひと》はあんまり気《き》にならない。

AR《アルファ》 我《わ》が道《みち》をいくタイプだ。

将来《しょうらい》の夢《ゆめ》について

AR《アルファ》 将来《しょうらい》の夢《ゆめ》はありますか？

N《エヌ》 うーん……ないです。

K《ケー》 私《わたし》もないです。

原宿《はらじゅく》 日々《ひび》を精一杯《せいいっぱい》生《い》きるだけ……か。

恐山《おそれざん》 将来《しょうらい》の夢《ゆめ》なんてなくても、何《なに》かにはなりますからね。

AR《アルファ》 こんなセンスと発想力《はっそうりょく》を持《も》っていたら、将来《しょうらい》はどんな職業《しょくぎょう》でも活躍《かつやく》できると思《おも》います！

永田《ながた》 大人《おとな》になったらオモコロに入《はい》ってほしいね。

原宿《はらじゅく》 ハガキの次《つぎ》は記事《きじ》をよろしくお願《ねが》いします。

姉妹《しまい》の好《す》きなこと

原宿《はらじゅく》 ハガキ投稿《とうこう》以外《いがい》で、好《す》きなことは何《なに》かありますか？ 習《なら》い事《ごと》とか。

N《エヌ》 パッとすぐ思《おも》いつく好《す》きなことはないけど、習《なら》い事《ごと》は2人《ふたり》でスイミングと公文《くもん》をやってます。

恐山《おそれざん》 私《わたし》の幼少期《ようしょうき》と同《おな》じだ。私《わたし》もスイミングと公文《くもん》やってました。そして当時《とうじ》のコロコロの投稿《とうこう》コーナーにハガキも送《おく》ってました。

加藤《かとう》 すごい共通点《きょうつうてん》。

永田《ながた》 そういえば俺《おれ》もスイミングと公文《くもん》やってた。

原宿《はらじゅく》 実《じつ》はうちの娘《むすめ》もスイミングと公文通《くもんかよ》わせてるわ。

AR《アルファ》 これは偶然《ぐうぜん》じゃなさそうですね。公文《くもん》とスイミングの組《く》み合《あ》わせが、面白《おもしろ》い子《こ》どもを作《つく》るのかもしれない。

恐山《おそれざん》 あの〜、公文《くもん》で先生《せんせい》が答案《とうあん》にマルをつけるときのペンの音《おと》のマネしていいですか？

AR《アルファ》 急《きゅう》にどうした⁉

恐山《おそれざん》 シャシャッ！ シャッシャシャシャシャシャッシャッ！

K&N《ケーアンドエヌ》 ……？

恐山《おそれざん》 通《つう》じずか……。

永田《ながた》 先生《せんせい》によるだろ。

好《す》きなお題《だい》について

原宿《はらじゅく》 お題《だい》のスタイルにもいろいろあったよね。例《たと》えばフキダシを埋《う》めるお題《だい》とか、イラストお題《だい》とか、写真《しゃしん》を切《き》り抜《ぬ》いて使《つか》うやつとか。2人《ふたり》は好《す》きだったお題《だい》とかある？

N《エヌ》 蚊《か》のセリフを考《かんが》えるやつが好《す》きでした。

原宿《はらじゅく》 フキダシを埋《う》めるのが好《す》きなんだ。

AR《アルファ》 かなり自由《じゆう》にできるもんね。

永田《ながた》 2人《ふたり》がフキダシお題《だい》に送《おく》ってくれたやつだとこれもいいよね。「私《わたし》たち別《わか》れよう」からの……。

加藤《かとう》 「やどかりぼうや」。

AR《アルファ》 面白《おもしろ》い！

恐山《おそれざん》 いくらなんでも関係《かんけい》なさすぎ。

AR《アルファ》 こういうのって、問題《もんだい》を見《み》たらすぐにネタが浮《う》かぶの？

N《エヌ》 はい。

永田《ながた》 強《つよ》いわ。天才《てんさい》だ。

原宿《はらじゅく》 普通《ふつう》まずは「ウンチ」みたいな言葉《ことば》を書《か》いちゃうんだけど、N《エヌ》ちゃんは引《ひ》き出《だ》しの一番手《いちばんて》前《まえ》に「やどかりぼうや」が入《はい》ってるんだね。

永田《ながた》 あとは「ガーベラのカーテン」も良《よ》かった。

原宿《はらじゅく》 「ガーベラのカーテン」って何《なに》？ もともと

知《し》ってたの?

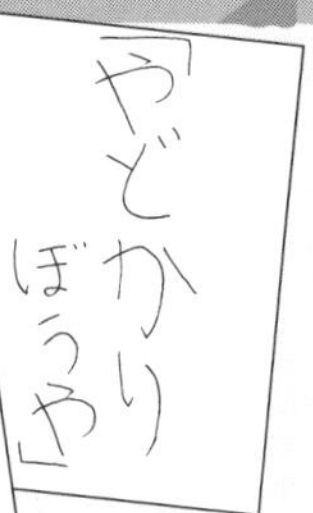

▶お題《だい》：この恋愛小説《れんあいしょうせつ》の「?」の部分《ぶぶん》のセリフを文字《もじ》で埋《う》めなさい。(125P《ページ》)

◀お題《だい》「この銅像《どうぞう》が考《かんが》えているものを書《か》きなさい。」(147P《ページ》)

N《エヌ》 ううん。

原宿《はらじゅく》 だって存在《そんざい》しないもんね。

恐山《おそれざん》 2人《ふたり》の存在《そんざい》があったからコーナー全体《ぜんたい》が盛《も》り上《あ》がったのもあると思《おも》います。

AR《アルファ》 2人《ふたり》とも面白《おもしろ》いハガキをたくさん送《おく》ってくれて、最優秀賞《さいゆうしゅうしょう》もいっぱい取《と》ってくれるから、周《まわ》りの子《こ》もそれを見《み》て「あ、こういう回答《かいとう》が面白《おもしろ》いんだな!」って刺激《しげき》されて、全体的《ぜんたいてき》にもレベルが上《あ》がっていったんだよね。

加藤《かとう》 コーナーを盛《も》り上《あ》げてくれて本当《ほんとう》にありがとう!

恐山《おそれざん》 生徒会長《せいとかいちょう》みたいだね。

AR《アルファ》 みんなを引《ひ》っ張《ぱ》るオモロのリーダー。

恐山《おそれざん》 でもこういう面白《おもしろ》さを理解《りかい》しない人《ひと》もきっといるんです。芸人《げいにん》のマネを大《おお》きい声《こえ》でやっているだけの子《こ》がクラスの人気《にんき》ものになったりとかね。そういう子《こ》の声《こえ》が目立《めだ》つこともあるかもしれないけれど、これから中学《ちゅうがく》、高《こう》校《こう》に上《あ》がるにつれて、だんだんみんな2人《ふたり》の面白《おもしろ》さを理解《りかい》していくはず。

K《ケー》 はい。

永田《ながた》 本当《ほんとう》の授業《じゅぎょう》みたいになってきた。

原宿《はらじゅく》 「自分《じぶん》の方《ほう》が絶対《ぜったい》に面白《おもしろ》い」という気持《きも》ちは大事《だいじ》だよ。

加藤《かとう》 結局《けっきょく》、面白《おもしろ》いやつが一番偉《いちばんえら》いからね。

永田《ながた》 言《い》い切《き》ったなぁ。

AR《アルファ》 本気《ほんき》にしすぎないでね!あくまで人見知《ひとみし》りモジモジおじさんの意見《いけん》だよ。

インタビューを終《お》えて

永田《ながた》 いつのまにかインタビューも終《お》わる時間《じかん》だね。

原宿《はらじゅく》 名残惜《なごりお》しいな~。最後《さいご》に僕《ぼく》らに質問《しつもん》ある?

N《エヌ》 ない。(即答《そくとう》)

K《ケー》 ないです。(即答《そくとう》)

AR《アルファ》 速《はや》い「ない」は、面白《おもしろ》いなぁ。

永田《ながた》 2人《ふたり》に会《あ》えて嬉《うれ》しかったよ。オモコロ放課後《ほうかご》クラブのページを作《つく》る上《うえ》ですごく助《たす》けられたからね。

加藤《かとう》 毎月《まいつき》ハガキを選《えら》ぶのが本当《ほんとう》に楽《たの》しかった。こんなに面白《おもしろ》いやつがいるんだって。

恐山《おそれざん》 この種《しゅ》の才能《さいのう》って褒《ほ》められることが少《すく》ないから、今日私《きょうわたし》たちが一生分褒《いっしょうぶんほ》めておきます。

永田《ながた》 流石《さすが》にこれからも褒《ほ》められる機会《きかい》はあるだろ。

AR《アルファ》 10年後《ねんご》とかにまた会《あ》いたいね。

原宿《はらじゅく》 その頃《ころ》には周《まわ》りの人《ひと》たちもようやくピンと来《く》るかもしれない。

加藤《かとう》 あいつらすげー面白《おもしろ》かったんだ、って。

AR《アルファ》 2人《ふたり》は全国《ぜんこく》の小学生《しょうがくせい》で1位《い》、2位《い》を争《あらそ》う面白《おもしろ》さだと思《おも》う!

永田《ながた》 これからも面白《おもしろ》いこといっぱい考《かんが》えてね!

一同《いちどう》 本当《ほんとう》にありがとうございました!

K&N《ケーアンドエヌ》 ありがとうございました!

描《か》き下《お》ろし スペシャルイラスト

寄贈《きぞう》

コロコロコミック 大人気作家陣《だいにんきさっかじん》

『オモコロ』大好《だいす》きなコロコロの
まんが家《か》が、オモロな５人《にん》を熱筆《ねっぴつ》！
夢《ゆめ》のコラボが楽《たの》しめるのはこの本《ほん》だけ‼

沢田《さわだ》 ユキオ

『スーパーマリオくん』

先生《せんせい》のメッセージ

毎月楽《まいつきたの》しみにしていたこのページ!!　ボクのカチカチの頭《あたま》では考《かんが》えられない発想《はっそう》ばかり。この本《ほん》から素晴《すば》らしい「ギャグ魔人《まじん》」が生《う》まれるに違《ちが》いないですね。「匿名《とくめい》ラジオ」のバッジイラストを描《か》かせていただいて以来《いらい》、オモコロさんの色《いろ》んなモノに触《ふ》れ、大好《だいす》きになりました！　サイコーです!!

曽《そ》山《やま》 一《かず》寿《とし》

『なんと! でんぢゃらすじーさん』

先生《せんせい》のメッセージ

オモコロ単行本発売《たんこうほんはつばい》おめでとうございます!! とても素晴《すば》らしいおバカなハガキはいろんな意味《いみ》で最高《さいこう》でした!! オモコロよ！ 永遠《えいえん》なれ!! 褒《ほ》めたのでなんかください。

ながとし やすなり

『うちゅう人《じん》 田《た》中《なか》太《た》郎《ろう》』

先生《せんせい》のメッセージ

連載《れんさい》、お疲《つか》れ様《さま》でした。オモコロらしさ全開《ぜんかい》のユーモアでコロコロ読者《どくしゃ》をたのしませてくれてありがとうございました！　そして、単行本《たんこうぼん》の発売《はつばい》おめでとうございます!!

山鷹《やまだか》 景《けい》

『ダウナーお姉《ねえ》さんは遊《あそ》びたい』

先生《せんせい》のメッセージ

オモコロ放課後《ほうかご》クラブを読《よ》んで育《そだ》つ小学生《しょうがくせい》たち、オモしろ偏差値爆《へんさちばく》上《あ》がりで羨《うらや》ましすぎます！　読者投稿《どくしゃとうこう》コーナーのサイズに収《おさ》まりきらないパワーで最高《さいこう》でした!!

読《よ》んでくれてありがとう！

先《せん》生《せい》のこども時《じ》代《だい》はこうだった

オモコロ放課後《ほうかご》クラブの先生《せんせい》たちも昔《むかし》はこどもだった！　今回《こんかい》は特別《とくべつ》に秘《ひ》蔵《ぞう》の写真《しゃしん》とエピソードを大公開《だいこうかい》！　読《よ》んで「こういうこどもだとあんな大人《おとな》になっちゃうんだ」と危機感《ききかん》を持《も》とう!!

先《せん》生《せい》のこども時《じ》代《だい》はこうだった

校長《こうちょう》
永《なが》田《た》

人見知《ひとみし》りで引《ひ》っ込《こ》み思案《じあん》で真《ま》面目《じめ》なこどもでした。そしてめちゃくちゃ泣《な》き虫《むし》でした。今《いま》の僕《ぼく》の姿《すがた》からは信《しん》じてもらえないかもしれないけど、本当《ほんとう》に。

それが直接《ちょくせつ》のきっかけというわけではないんですが、おばあちゃん家《ち》の駐《ちゅう》車場《しゃじょう》に「ここはうんこをするところ」という落書《らくが》きがずっとあって、それが父《ちち》親《おや》がこどもの頃《ころ》に書《か》いた落書《らくが》きだったと知《し》った時《とき》、なんか色々《いろいろ》とどうでもよくなったというか、心《こころ》がすごく楽《らく》になったのを覚《おぼ》えています。

願《ねが》わくばこの本《ほん》がみんなにとってのそれになってくれればいいなぁと思《おも》います。偉《えら》そうにしててもみんな本当《ほんとう》はうんことしっこが大好《だいす》きなんだから。

先《せん》生《せい》のこども時《じ》代《だい》はこうだった

図《ず》工《こう》担《たん》当《とう》A《ア》Ru《ル》Fa《ファ》

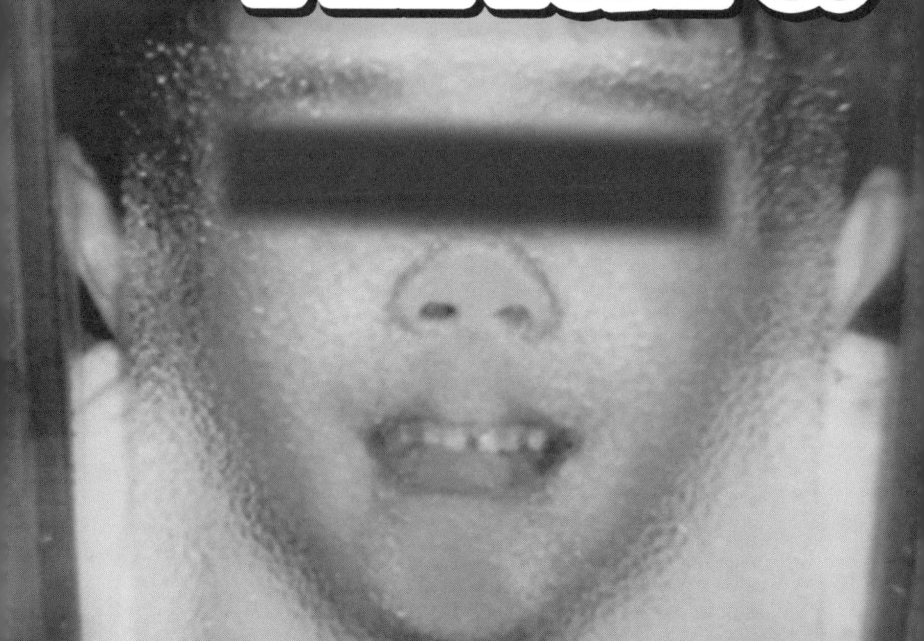

小《ちい》さい頃《ころ》から実験《じっけん》や工作《こうさく》が好《す》きなこどもでした。あとなんか、自分《じぶん》の鼻《はな》を窓《まど》ガラスに押《お》しつけてブタみたいになる『ガラスブタ』という一発《いっぱつ》ギャグを持《も》っていました。

これをすると周《まわ》りが盛《も》り上《あ》がるので窓《まど》ガラスを見《み》つけるたびに連発《れんぱつ》していたのですが、調《ちょう》子《し》に乗《の》って教頭《きょうとう》先生《せんせい》の車《くるま》の窓《まど》でやったら死《し》ぬほど怒《おこ》られたのでこのギャグは封印《ふういん》することになりました。

このときに教頭《きょうとう》先生《せんせい》に言《い》われた「面白《おもしろ》いことでも、それで悲《かな》しむ人《ひと》が出《で》たらダメ」という言葉《ことば》が今《いま》でも心《こころ》に残《のこ》っています。

とても良《よ》い言葉《ことば》なので、どうにかして僕《ぼく》が考《かんが》えたことにならないかなと思《おも》っています。

先《せん》生《せい》のこども時《じ》代《だい》はこうだった

社会担当《しゃかいたんとう》

加《か》藤《とう》

ひとりっ子《こ》で、アレルギーが多《おお》く体《からだ》も弱《よわ》ければ勉強《べんきょう》する真面目《まじめ》さもない…という最弱《さいじゃく》こどもでした。1年生《ねんせい》のころに上《うえ》の兄弟《きょうだい》がいる同級生《どうきゅうせい》が「怖《こわ》い上級生《じょうきゅうせい》とも仲《なか》よくしちゃう」というのがとにかく悔《くや》しく、変《へん》なひねくれた根性《こんじょう》だけはあったので、5・6年生《ねんせい》の教室《きょうしつ》に単身《たんしん》向《む》かっては「裸《はだか》になって踊《おど》り狂《くる》う」という奇行《きこう》を繰《く》り返《かえ》すことで、「なんかおもしろい奴《やつ》だな」となって乗《の》り越《こ》えてきました。

勉強《べんきょう》ができるとか、スポーツが得意《とくい》とかじゃなくて、「とにかくおもしろい」というやつも生《い》きていく能力《のうりょく》なんだなと思《おも》って、それからはその一本鎗《いっぽんやり》で社会《しゃかい》を生《い》きています。人間《にんげん》、おもしろいやつが一番《いちばん》偉《えら》いからね。

だけどおもしろいことをたくさん考《かんが》えられても、それを人《ひと》に見《み》せなきゃおもしろがってもらえない！ 投稿《とうこう》してくれたみんなは偉《えら》い！

先《せん》生《せい》のこども時《じ》代《だい》はこうだった

国《こく》語《ご》担《たん》当《とう》

ダ・ヴィンチ・恐《おそれ》山《ざん》

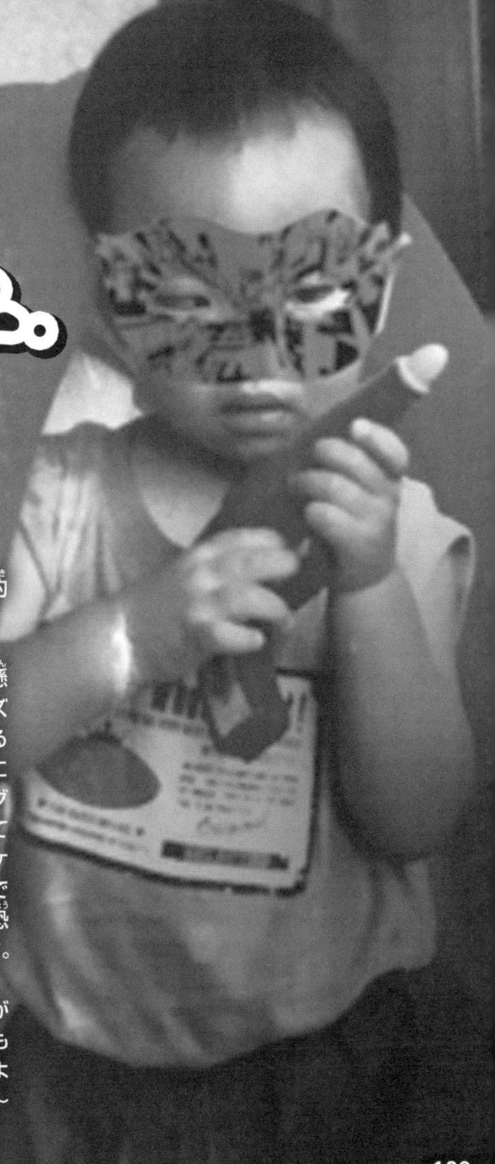

お絵《え》かきが大《だい》好《す》きで内《ない》向《こう》的《てき》なこどもでした。

コロコロコミックは、巻《かん》末《まつ》にある懸《けん》賞《しょう》の当《とう》選《せん》者《しゃ》の名《な》前《まえ》がちっさい文《も》字《じ》でズラッと並《なら》んでいるところまで熟《じゅく》読《どく》するくらい読《よ》み込《こ》んでいました。発《はつ》売《ばい》日《び》にいち早《はや》く手《て》に入《い》れたコロコロのギャグを丸《まる》々《まる》パクった漫《まん》画《が》を自《じ》由《ゆう》帳《ちょう》に書《か》いて同《どう》級《きゅう》生《せい》に見《み》せたらえげつないほどウケてしまい、嬉《うれ》しさよりも「自《じ》分《ぶん》はとんでもないことをしてしまった」という恐《きょう》怖《ふ》感《かん》を強《つよ》く感《かん》じたことを覚《おぼ》えています。

そんなコロコロに連《れん》載《さい》を持《も》つことができて、しかも、マネッコじゃないおもしろの作《つく》り方《かた》を教《おし》えることができるようになるなんて、人《じん》生《せい》わかんないな～って思《おも》います。

先生《せんせい》のこども時代《じだい》はこうだった

理科担当《りかたんとう》

原《はら》宿《じゅく》

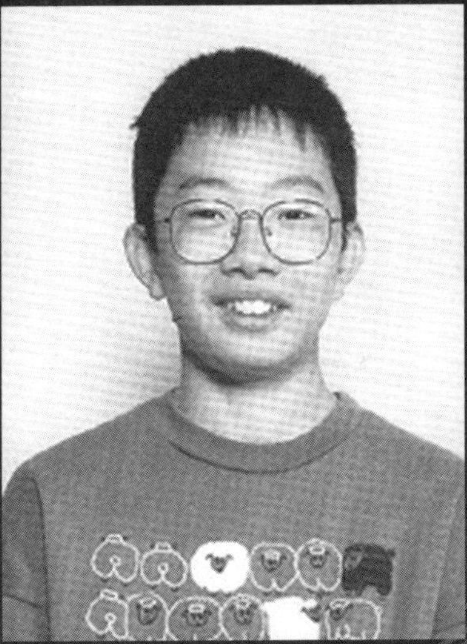

ずっとポカーンとしていたので何《なに》も覚《おぼ》えていません。そんなもんです。

こどもふざけ方教室

コロコロ『オモコロ放課後クラブ』ファンブック

2025年1月20日初版第1刷発行　2025年2月12日第2刷発行

著者　オ モ コ ロ
発行人　縄 田 正 樹
印刷所　三晃印刷株式会社
製本所　牧製本印刷株式会社

「月刊コロコロコミック」23年4月号～
24年12月号掲載作品
記事担当／　西村滉真（二刀流コーマ）
単行本編集／中村紀貴
内藤夕利子、石本遊（株式会社 建匠）
串田森（YellowBag）
撮影／　平田貴章

Printed in Japan

発行所　（〒101-8001）東京都千代田区一ツ橋2－3－1
TEL 販売03（5281）3555　編集03（3230）5995
株式会社 小学館

●造本には十分注意しておりますが、印刷、製本など製造上の不備がございましたら
「制作局コールセンター」（フリーダイヤル0120-336-340）にご連絡ください。
（電話受付は、土・日・祝休日を除く9：30～17：30）

ISBN978-4-09-389183-7